Español lengua viva

Workbook

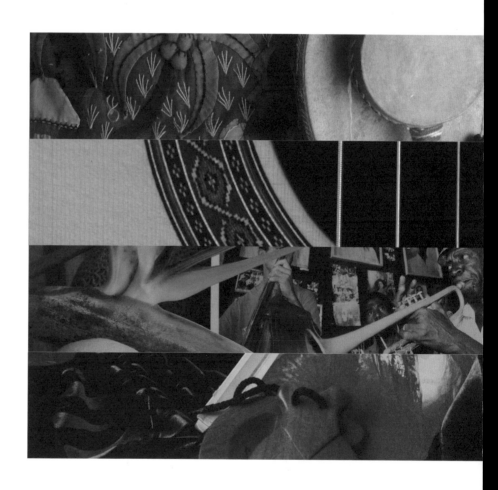

español
Santillana
Universidad de Salamanca

A1-A2

MARCO DE
REFERENCIA
EUROPEO

Autores de la programación: **M.ª Teresa Martín, Loreto Pérez** y **Javier Ramos**
Relación de autoras: **Ana Gainza, M.ª Dolores Martínez** e **Isabel Ordeig**
Dirección editorial: **Aurora Martín de Santa Olalla**
Edición: **Susana Gómez** y **M.ª Antonia Oliva**
Traducción: **Eileen Flannigan** y **Cristina McLaren**

Dirección de arte: **José Crespo**

Proyecto gráfico:
      Portada: **Celda y asociados**
      Interiores: **Isabel Beruti**
Ilustraciones de interiores: **Miguel Porto**

Jefa de proyecto: **Rosa Marín**
Coordinación de ilustración: **Carlos Aguilera**
Jefe de desarrollo de proyectos: **Javier Tejeda**
Desarrollo gráfico: **Raúl de Andrés** y **José Luis García**

Dirección técnica: **Ángel García Encinar**

Coordinación técnica: **Fernando Carmona** y **Lourdes Román**
Confección y montaje: **Marisa Valbuena, Estudio 83** y **Luis González**
Cartografía: **José Luis Gil**
Corrección: **Zoilo G. García** y **Pilar Pérez**
Documentación y selección de fotografías: **Mercedes Barcenilla**

Fotografías: A. Toril; A. Viñas; Algar; Arved Von Der Ropp; C. Díez; C. Rubio; D. Lezama; E. Marín; F. Ontañón; G. Aldana; GARCÍA-PELAYO/Juancho; I. Codina; I. Rovira; J. Jaime; J. Lucas; J. M. Gil-Carles; J. M.ª Escudero/Instituto Municipal de Deportes de Madrid; Krauel; L. Agromayor; M. Moreno; ORONOZ; P. López; Prats i Camps; R. Manent; R. Quintero; S. Enríquez/INS Pradolongo, Madrid; S. Padura; S. Yaniz; A. G. E. FOTOSTOCK/Rick Gómez, John Valls, IFPA, James McLoughlin, Atlantide S.N.C., Bill Bachmann; ADOLFO DOMÍNGUEZ, S.A.; COMSTOCK; CONTIFOTO/C. Rubio; COVER/SYGMA/S. Dorantes, KEYSTONE; COVER/CORBIS/ Zefa/Sandra Seckinger, Sygma/Europress, Rufus F. Folkks, Zefa/A. Green, Ariel Skelley, Yang Liu, People Avenue/Stephane Cardinale, Ed Bock; COVER/Quim Llenas; EFE/EPA PHOTO AP POOL/Ronald Zak; EFE/G. Cuevas, J. Huesca, J. L. Pino, P. Campos; EFE/ SIPA-PRESS; EFE/SIPA-PRESS/David Niviere, Frederico Mendes, Laski, PRESSENS BILD/SIPA/Kary H. Lash, IMAGE/SINTESI/SIPA; FACTEUR D'IMAGES/Fabien Malot; FLASH PRESS/GAMMA/Michel Artault; GETTY IMAGES/Lonely Planet Images/Greg Elms; HIGHRES PRESS STOCK/AbleStock.com; I. Preysler; JOHN FOXX IMAGES; MUSEUM ICONOGRAFÍA/Teatro Real/Javier del Real; PHOTOALTO; PHOTODISC; STOCKBYTE; Cafetería Alverán, Boadilla del Monte; CENTRO COMERCIAL EROSKI; Desnivel Banco de Imágenes; EL CORTE INGLÉS; MATTON-BILD; Samsung; SERIDEC PHOTOIMAGENES CD/DigitalVision; ARCHIVO SANTILLANA

Grabaciones: **Textodirecto**
Música: **Paco Arribas Producciones Musicales**

Agradecimientos: A los profesores, alumnos y personal de administración y servicios de los Cursos Internacionales de la Universidad de Salamanca y a la cafetería Alverán (Boadilla del Monte, Madrid).

Santillana agradece a los autores citados en este libro la oportunidad que sus textos nos han brindado para ejemplificar el uso de nuestra lengua. Los materiales de terceras personas han sido siempre utilizados por Santillana con una intención educativa y en la medida estrictamente indispensable para cumplir con esa finalidad, de manera que no se perjudique la explotación normal de las obras.

Introduction

The *Español lengua viva 1* workbook is designed for **adult and young adult students of Spanish**. It meets the requirements of the *Common European Framework* and the *Plan Curricular del Instituto Cervantes* **(A1-A2)**.

The **thirteen units** in the workbook provide varied self-study **practice material** which helps students revise and consolidate the language covered in the student's book (grammar, vocabulary, etc.). The workbook also offers **classroom activities**. At the end of each unit, a **self-assessment** worksheet offers students the opportunity to test themselves and further consolidate what they have learned. In addition, the workbook includes an **audio CD** which focuses on listening and pronunciation skills.

The **icons** in the workbook are identical to those used in the student's book. These icons, which appear before the activity headings, indicate either the kind of language exercise and/or the general and communicative skills the students will practise:

- speaking BLA,
- writing ◁,
- listening 14,
- reading 📖,
- speaking with others BLA BLA BLA.

- cultural and sociocultural knowledge and cross-cultural awareness Cs,
- ability to learn E,
- grammar skills G,
- vocabulary skills V,
- pronunciation skills P,
- spelling skills O.

The **audio scripts** and **answer key** are at the back of the book.

The interactive **CD-ROM** offers students the opportunity to practise and improve their grammar, vocabulary, communicative, cultural and sociocultural skills, and to check and assess their learning. A **multilingual glossary** is included on the CD-ROM.

Contents

n this unit you will work on:

1. a. ① It is the first day of class and Enrique, a teacher of Spanish, is going over the register. Listen and tick off the names of those present.

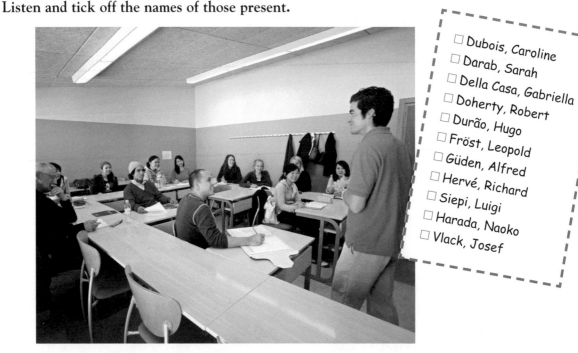

☐ Dubois, Caroline
☐ Darab, Sarah
☐ Della Casa, Gabriella
☐ Doherty, Robert
☐ Durão, Hugo
☐ Fröst, Leopold
☐ Güden, Alfred
☐ Hervé, Richard
☐ Siepi, Luigi
☐ Harada, Naoko
☐ Vlack, Josef

b. ② Listen to Enrique and his students. Make sentences using elements of each column.

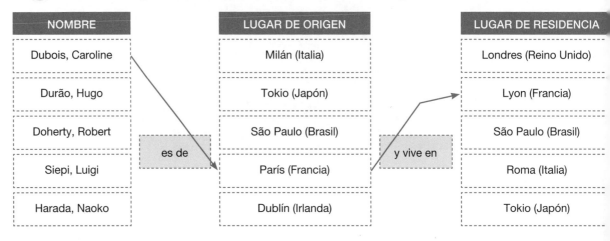

NOMBRE	LUGAR DE ORIGEN	LUGAR DE RESIDENCIA
Dubois, Caroline	Milán (Italia)	Londres (Reino Unido)
Durão, Hugo	Tokio (Japón)	Lyon (Francia)
Doherty, Robert	São Paulo (Brasil)	São Paulo (Brasil)
Siepi, Luigi	París (Francia)	Roma (Italia)
Harada, Naoko	Dublín (Irlanda)	Tokio (Japón)

es de   y vive en

c. G Look at the list of countries below. Do you remember the adjectives of nationality?

Italia: _italiano, italiana_____   Irlanda: _____

República Checa: _____   Austria: _____

Brasil: _____   Estados Unidos: _____

Canadá: _____   Alemania: _____

2. C Match each question with the correct answer.

1. ¿Cómo te llamas?   a. En Barcelona.

2. ¿Dónde vives?   b. Michel.

3. ¿De dónde eres?   c. Para viajar.

4. ¿Para qué aprendes español?   d. Francés, español y alemán.

5. ¿Qué lenguas hablas?   e. Soy francés, de París.

3. a. G Complete the verbs below with the correct vowels (*a, e, i, o, u*).

1. (tú) te llam___s
2. (yo) me llam___
3. (tú) er___s
4. (yo) v___y

5. (ella) viv___
6. (tú) estudi___s
7. (él) ___s
8. (ella) se llam___

9. (yo) viv___
10. (él) escrib___
11. (tú) habl___s
12. (yo) estudi___

b. G Write sentences about yourself using the first person singular (*yo*) of these verbs.

| llamarse | ser | estudiar | hablar | vivir |

----

4. a. G Complete the following questions.

1. ◆ ¿_____ _____ Juan?
   ◆ Sí.

2. ◆ ¿_____ _____ llama tu profesora?
   ◆ María.

3. ◆ ¿_____ lenguas hablas?
   ◆ Árabe y español.

4. ◆ ¿_____ _____ _____ esto en español?
   ◆ Goma.

5. ◆ ¿_____ qué estudias español?
   ◆ Para trabajar en Argentina.

6. ◆ ¿_____ Isabel?
   ◆ No, yo soy Lola.

7. ◆ ¿_____ vives?
   ◆ En Sevilla.

8. ◆ ¿_____ _____ _____ tu nombre?
   ◆ De, u, ene, i, a. Dunia.

9. ◆ ¿_____ significa *aula*?
   ◆ Es lo mismo que *clase*.

10. ◆ ¿_____ _____ eres?
    ◆ De Italia. ¿Y tú?

b. ③ Listen and check your answers.

5. G Look at the list below. Where are these items from? You can use a dictionary if you do not know the words.

| español/+ a | marroquí | argentino/a | ruso/a | portugués/+ a |
| brasileño/a | francés/+ a | italiano/a | irlandés/+ a | japonés/+ a |

la paella: *española*

la *pizza*: _____

el *sushi*: _____

el cuscús: _____

el vodka: _____

la samba: _____

el fado: _____

el tango: _____

la cerveza Guinness: _____

el queso Roquefort: _____

6. a. ⓥ Can you find these ten objects in the word search puzzle below?

O P I Z A R R A F E O
W S I L L A M L M F P
R S R G T X O O C C A
V L Á P I Z C N E U P
R Z N R A M H U G I E
B O L Í G R A F O E L
A S D E T L L I M D E
O N R E D A U C A S R
R U I S E G T J A T A
C B O R R A D O R U A
L O S U E R V U I I L
R O T U L A D O R W R
E R O R D E N A D O R

b. ⓥ Are there any of these objects in your class? You can use a dictionary.

En mi clase hay

7. ⓥ Look at this list of words and write the appropriate definite article (*el, la, los, las*).

1. _____ mochilas
2. _____ mesa
3. _____ póster
4. _____ libros
5. _____ cuaderno
6. _____ goma

7. _____ diccionario
8. _____ papel
9. _____ rotulador
10. _____ sillas
11. _____ profesora
12. _____ pizarra

13. _____ ordenador
14. _____ móvil
15. _____ bolígrafos
16. _____ compañeros
17. _____ estuche
18. _____ papelera

8. a. ☐ At the student office of a Spanish language school three students have filled in a form with their personal data. Read the forms and answer the following questions.

1. ¿Cómo se llaman los estudiantes que han completado el cuestionario?

---

2. ¿Vince, Vigiano y Afalah son sus nombres o sus apellidos?

---

3. ¿De qué países son?

---

4. ¿Dónde viven?

---

5. ¿Quién tiene un nivel más alto de español?

---

6. ¿Para qué estudia español Karen?

---

7. ¿Qué estudiante habla más lenguas?

Nombre: Vince, Karen
Nacionalidad: Inglesa
Lugar de residencia: Hasting (Reino Unido)
Lenguas que habla: Inglés (lengua materna), francés (bilingüe), español (nivel inicial).
Motivación para estudiar español: Estudio español para hacer un máster en España.

Nombre: Afalah, Said
Nacionalidad: Marroquí
Lugar de residencia: Barcelona
Lenguas que habla: Árabe (lengua materna), francés (nivel intermedio), inglés (nivel avanzado), español (nivel intermedio).
Motivación para estudiar español: Estudio español para trabajar en España.

Nombre: Vigiano, Damon
Nacionalidad: Estadounidense
Lugar de residencia: Nueva York (EEUU)
Lenguas que habla: Inglés (lengua materna), español (nivel inicial).
Motivación para estudiar español: Estudio español para hablar con la familia de mi mujer, que es española.

b. ◁ Now fill in the same form with your personal data.

Nombre: ---

Nacionalidad: ---

Lugar de residencia: ---

Lenguas que habla: ---

Motivación para estudiar español: ---

---

9. [C] Look at these drawings. Put the expressions in the boxes into the correct bubbles.

¡Hasta mañana!	¡Hola! Buenos días.

¡Buenas noches!	¡Hola! ¿Qué tal?

10. (4) [C] Listen to some people saying hello and goodbye and tick the correct options.

1. ☐ Hasta mañana.
  ☐ ¿Qué tal?

2. ☐ Hasta luego.
  ☐ Buenos días.

3. ☐ ¿Cómo estás?
  ☐ Adiós.

4. ☐ Buenos días.
  ☐ Hasta luego.

5. ☐ Buenas tardes.
  ☐ Hasta mañana.

6. ☐ ¡Muy bien! ¿Y tú?
  ☐ Adiós.

11. a. [BLA BLA BLA] [P] These Spanish words are spelt similarly in other languages.
Do you know how to pronounce them in Spanish? Discuss with your partner.

1. chocolate
2. universidad
3. teléfono
4. menú
5. jersey
6. kilo
7. aeropuerto
8. hospital
9. pasaporte
10. café
11. hotel
12. sofá

b. ⑤ [P] Listen and check your answers.

12. [BLA BLA BLA] [P] Do you know what these towns and cities are called in Spanish? Write down
the Spanish names and check your answers with your classmates or teacher.

1. London: ------------------------------
2. New York: ------------------------------
3. Paris: ------------------------------
4. Dublin: ------------------------------
5. Beijing: ------------------------------
6. Genève: ------------------------------
7. Milano: ------------------------------
8. New Delhi: ------------------------------
9. Firenze: ------------------------------
10. München: ------------------------------

◆ London se dice Londres, ¿no?

◆ Sí, y New York se dice ...

13. ⑥ You will hear several countries being spelt out in Spanish. Write them down.

1. --------------------
2. --------------------
3. --------------------
4. --------------------
5. --------------------
6. --------------------
7. --------------------
8. --------------------

14. ⑦ [P] Listen to the following sentences and pay attention to the intonation. If it is
a question, add the question marks (¿?); if it is an affirmative sentence, add a full stop (.).

1. Cómo se llama esto en español
2. Eres portugués
3. *Thank you* se dice *gracias* en español
4. Marysse se escribe con dos eses
5. Vives en Nueva York
6. Qué significa *despedirte*
7. El español se habla en muchos países
8. De dónde eres
9. Vivianne se escribe con uve y dos enes
10. Dónde vive Ludovic

Now I know how to...

	☺	😐	☹
■ introduce myself: say my name, where I am from and where I live			
■ ask my classmates their name, their nationality and where they live			
■ say what languages I speak and explain why I am learning Spanish			
■ say hello and goodbye			
■ spell out words and ask people to spell out words for me			
■ ask for help when I do not know the meaning or the spelling of a word			

Self-assessment

1.

⑧ **Listen to Hugo and Luigi. Fill in the forms below with their personal data.**

HUGO DURÃO

Nacionalidad:

Lugar de residencia:

Lenguas que habla: ---------------------------

¿Para qué aprende español?

LUIGI SIEPI

Nacionalidad:

Lugar de residencia:

Lenguas que habla: ---------------------------

¿Para qué aprende español?

2.

Which word in each group is the odd one out?

1. italiano – belga – ~~pizarra~~ – portugués

2. libro – papel – cuaderno – casa

3. lápiz – escuela – rotulador – bolígrafo

4. ordenador – reproductor de DVD – mochila – televisión

5. buenos días – buenas noches – hasta mañana – cuaderno

6. japonés – Alemania – España – Canadá

3.

Tick the correct option.

1. Y tú, Christine, ¿de dónde eres?
   a. Es francesa.
   b. Soy francesa.
   c. Francia.

2. ¿Para qué estudias español?
   a. Escribir mensajes de correo electrónico.
   b. Viajar por España e Hispanoamérica.
   c. Para utilizarlo en mi trabajo.

3. ¡Hola! ¿Qué tal?
   a. Muy bien. ¿Y tú?
   b. Adiós.
   c. Hasta mañana.

4. Perdona, ¿te llamas Paul?
   a. Sí, Paul Conrad.
   b. No me llamo.
   c. No, se llama Karim.

5. ¿Cómo se dice *book* en español?
   a. Es libro.
   b. Libro.
   c. Dice libro.

6. ¿Dónde vives?
   a. A Lyon.
   b. Lyon.
   c. En Lyon.

Encantado de conocerte

In this unit you will work on:

1. [V] Put these letters in order to form eight occupations.

- TORATECQUI: __Arquitecto__
- DENDROVE: _____
- NOIRENIGE: _____
- TADISTEN: _____

- SEROFROP: _____
- DOGAOBA: _____
- ICODÉM: _____
- TADISTENUE: _____

2. a. [Cs] Look at these eight famous people. Their personal data are out of order. Write sentences about them, following the example.

Mario   pintor y escultor   Bardem

escritor   Salma   Javier   Juan Carlos

actriz   Fernando   Amenábar

cantante de ópera   Montserrat   actor

deportista   Alejandro   Caballé

director de cine   Shakira Isabel

Ferrero   Vargas Llosa   cantante

Hayek   Mebarak   Botero

1. __Se llama Mario, se apellida Vargas Llosa y es escritor.__
2. _____
3. _____
4. _____
5. _____
6. _____
7. _____
8. _____

b. [BLA] [Cs] Do you know other Spanish or Spanish-American celebrities? If you do, write down their names and occupations and introduce them to the class.

_____
_____
_____
_____
_____

3. (9) [V] You will hear a group of students of Spanish in their first day of class. Listen and write down their occupations.

- Misako: __Es_____
- Flavio: _____
- Alan: _____

4. C One of the students in activity 3 is talking to the secretary of the school where he is studying. Complete the conversation below using the verbs in the boxes.

| te dedicas | me apellido | hablas | tienes | hablo | estudio | es |

- Perdona, ¿puedes repetir tu apellido?
- Sí, _____ Necchi. N-e-c-c-h-i.
- Gracias. ¿A qué _____?
- Soy estudiante, _____ Derecho.
- ¿Cuántos años _____?
- Veintiuno.

- ¿Cuántos idiomas _____?
- _____ italiano, alemán y un poquito de español.
- ¿Cuál _____ tu número de teléfono?
- El 91 334 52 24.
- ¿Y tu dirección de correo electrónico?
- flanec@milano.it

5. a. 📖 Read the email Christian is sending a language school. Why is he writing? Tick the correct option.

Christian escribe:

☐ Para matricularse en un curso de español.
☐ Para saber qué actividades ofrece la escuela.
☐ Para pedir la dirección de la página web de la escuela.

De	Christian Lange
Para	
Asunto	

Estimado Sr. López:

Me llamo Christian Lange, vivo en Lubeck, en Alemania.

Hablo inglés y alemán y ahora estudio italiano. También hablo un poco de español: escribo y leo bastante bien, pero no hablo mucho.

Le escribo para solicitar información sobre la escuela. ¿Qué actividades tienen en el mes de agosto para los estudiantes?

Gracias y un saludo,

Christian Lange

b. G Read Christian's email again and underline all the present indicative forms you find. Then fill in the following list with the correct infinitives.

Verbos que terminan en -AR: Llamarse, _____
Verbos que terminan en -ER: _____
Verbos que terminan en -IR: _____

c. G Fill in the following table with the correct forms of the present indicative (singular) of these verbs.

	ESTUDIAR	LEER	ESCRIBIR
(yo)	estudio	leo	escribo
(tú)	estudias	lees	escrib___
(él, ella, usted)	estudi___	le___	escrib___

6. a. [C] Tick the correct option.

1. Mira, Ana, esta es mi amiga Blanca. Blanca, esta es Ana, una compañera de trabajo.

   a. ¡Hola! ¿Qué tal?

   b. ¡Adiós!

   c. Usted.

2. Señora Martín, le presento a Carmen Solano, la directora de la escuela.

   a. ¿A qué te dedicas?

   b. Soy de Alemania.

   c. Encantada de conocerla.

3. Encantada de conocerte.

   a. Sí.

   b. Igualmente.

   c. Me apellido Charles.

4. Mira, Thomas, te presento a mi profesor.

   a. Encantado.

   b. Hasta mañana.

   c. De acuerdo.

b. ⑩ Listen and check your answers.

7. [G] Look at the following pictures. Which form of address do you think they are using, *tú* or *usted*? Tick the correct option.

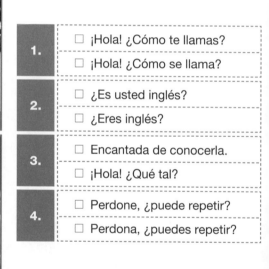

1.	☐ ¡Hola! ¿Cómo te llamas?
	☐ ¡Hola! ¿Cómo se llama?
2.	☐ ¿Es usted inglés?
	☐ ¿Eres inglés?
3.	☐ Encantada de conocerla.
	☐ ¡Hola! ¿Qué tal?
4.	☐ Perdone, ¿puede repetir?
	☐ Perdona, ¿puedes repetir?

8. [G] Michel is a student of Spanish who is introducing his classmates. Fill in the blanks below, using the correct demonstratives, *este* or *esta*.

_____ es mi profesor de español, se llama Carlos.

Y _____ es mi amigo Robert, es americano.

_____ es Verónica, es italiana. Y _____

es una chica suiza, pero no me acuerdo de su nombre.

9. a. At the registration desk of a hotel in Valencia they are having problems with the personal data of a client. Read the check-in form and correct it.

b. Now fill in the form with your personal data.

HOTEL VALENCIA MEDITERRÁNEO

Nombre: ~~Bledsoe Catherine~~   *Catherine*
Apellidos: *Catherine*
Fecha de nacimiento: 28009
Dirección: c/ Aguirre, n.º 9
Ciudad: Madrid
Código postal: 6-7-1951
País: España
Teléfono: 91 581 46 46
Correo electrónico: cathy@madrid.es

HOTEL VALENCIA MEDITERRÁNEO

Nombre: _____
Apellidos: _____
Fecha de nacimiento: _____
Dirección: _____
Ciudad: _____
Código postal: _____
País: _____
Teléfono: _____
Correo electrónico: _____

---

10. Read the following sentences and tick which column they belong to, *tú* or *usted*. Then change their form.

	Tú	Usted
1. ¿Cómo te llamas?	✘	¿Cómo se llama?
2. ¿Se apellida Bledsoe?		
3. Por favor, ¿cuál es su número de teléfono?		
4. Encantado de conocerlo.		
5. ¿Cuál es tu fecha de nacimiento?		
6. Es de Michigan, ¿verdad?		
7. ¿Puede repetir?		
8. ¿A qué te dedicas?		

---

11. a. Arithmetic: complete the following.

1. Treinta por tres más dos = _____

2. Seis más ocho más _____ = veintiséis

3. Diez _____ siete más uno = setenta y uno

4. Sesenta más cinco _____ dos = sesenta y tres

5. Treinta entre dos = _____

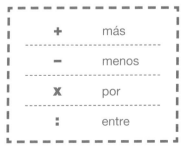

+	más
−	menos
x	por
:	entre

b. Think of another five similar sums and write them down.
Exchange notebooks with your partner and solve each other's sums.

12. (11) $\boxed{\text{V}}$ Listen and mark the correct number.

1.	7	17	77	37
2.	15	5	25	50
3.	87	79	97	7

4.	66	86	36	76
5.	35	65	75	15
6.	60	70	50	90

7.	18	28	38	58
8.	7	27	57	47
9.	16	56	46	66

13. $\boxed{\text{G}}$ Complete the questions below using the correct interrogatives in the boxes.

Qué	Cuál	Cuándo	Cuántos	Cuántas

1. ◆ ¿_____ es tu cumpleaños?
   ◆ Mi cumpleaños es el once de enero.

2. ◆ ¿_____ es tu número de teléfono móvil?
   ◆ Es el 630 019 274.

3. ◆ ¿_____ es tu dirección de correo electrónico?
   ◆ Mi dirección es javiersr@madrid.com
   ◆ Perdona, ¿puedes repetir?
   ◆ Sí, javiersr@madrid.com
   ◆ Ahora, sí. ¡Gracias!

4. ◆ ¿_____ día es el cumpleaños de Didier?
   ◆ No lo sé.

5. ◆ ¿_____ es su fecha de nacimiento?
   ◆ El 24 de abril de 1936.

6. ◆ ¿_____ páginas tiene el libro de español?
   ◆ Creo que ciento cincuenta.

7. ◆ ¿_____ estudiantes hay en tu clase?
   ◆ Ocho.

14. (12) $\boxed{\text{V}}$ The following envelopes are for students of a Spanish language school. Listen and fill in the missing data.

Karsten Rincke
Pza. del Alamillo, n.º _____
28002 Madrid

Gudrun Caspar
c/ Cuarta, n.º _____
28012 Madrid

Wolfgang Straub
Avda. de la Paz, n.º _____
28033 Madrid

Thomas Warnecke
c/ Jarama, n.º _____
28033 Madrid

15. a. $\boxed{\text{G}}$ Look at the following examples. Do you notice any difference?

◆ ¿En qué piso vive?
◆ **En el primero.**

◆ ¿Dónde está tu clase de español?
◆ **En el primer piso.**

b. $\boxed{\text{G}}$ Read the rule and then complete the sentences using the correct ordinal numbers.

Ordinal numbers *primero, tercero*

The ordinal numbers *primero* and *tercero* become *primer* and *tercer* before a singular masculine noun.

Hoy es mi primer día de trabajo.

1. Esta es la _____ unidad del cuaderno de ejercicios.

2. Abril es el _____ mes del año.

3. El español es la _____ lengua más hablada en el mundo, después del inglés y del chino.

4. Mi escuela de español está en el _____ piso.

5. Vivo en el _____ piso.

6. Este es el _____ curso de español que estudio.

16. a. ⑬ P You will hear some students of Spanish practising the pronunciation of numbers. Listen carefully.

1. SESENTA_Y SEIS
2. SETENTA_Y CUATRO
3. SETENTA_Y CINCO
4. SETENTA_Y_UNO

b. P Now say these numbers.

TREINTA Y DOS
SETENTA Y SEIS
OCHENTA Y TRES

CUARENTA Y CINCO
NOVENTA Y NUEVE
CINCUENTA Y OCHO

17. a. ⑭ P Listen and repeat.

1. café
2. kilómetro
3. escuela
4. quinto
5. quién
6. cuál
7. cómo
8. cumpleaños

b. O Read again the words listed before and fill in this box with the correct spelling rule for letters *c*, *q* and *k*.

The spelling of letters *c*, *q* and *k*
In Spanish, the /k/ sound is represented by: ■ the letter _____ + *u*, followed by vowels *e, i*.   ■ the letter _____ followed by vowels *a, o, u*.   ■ the letter _____ in words from other languages and in words beginning with *kilo-*.

c. ⑮ O You will hear a list of fourteen words. Put them into the correct column below.

CA	CO	CU	QUE	QUI
casa				

d. O Do you know more words spelt with the sound /k/? Write them down.

Now I know how to...

	☺	☺	☹
■ ask for and provide basic personal data			
■ fill in forms with my personal data			
■ ask for something to be repeated when I have not understood it			
■ find specific data in letters, leaflets and adverts			
■ address people in a formal and an informal way			
■ introduce someone in a formal and an informal way and answer when I am introduced to someone			

Self-assessment

1.

Read the leaflet for a Spanish language school and answer the following questions.

1. ¿Qué actividades ofrece la escuela?

   ----

2. ¿Tiene sala de ordenadores?

   ----

3. ¿Cuántos alumnos hay en cada clase?

   ----

4. ¿Ofrecen clases particulares?

   ----

5. ¿Tiene página web? ¿Cuál es?

   ----

6. ¿Tiene biblioteca?

ESCUELA DE ESPAÑOL

"HABLAMOS"

CLASES DE ESPAÑOL PARA EXTRANJEROS

Clases individuales o en grupo.

Grupos reducidos, máximo 8 alumnos.

Cursos intensivos.

Preparación para el examen oficial DELE.

Biblioteca y sala de ordenadores con conexión a Internet.

Ambiente internacional.

Oferta de actividades extraacadémicas:
Cineclub: Todos los jueves a las 7 de la tarde,
ciclo de cine español.
Visitas guiadas a los museos más famosos de la ciudad.
Cursos de Literatura española e hispanoamericana.

Estamos en el centro histórico:
c/ Alcalá, n.º 65, 2.º drcha. 28014 Madrid

Llámanos o visita nuestra página web:
www.hablamos.es
Tfno. 91 435 64 98

¡Prueba de nivel y primera clase gratuita!

Aprender español **2**

In this unit you will work on:

▪ Vocabulary used in instructions in your book:	1
▪ Expressing obligation and prohibition and saying if something is allowed or not:	2, 3
▪ Asking about the meaning of a word and how to spell it, and asking for something you have not understood to be repeated:	4
▪ Discussing your learning strategies:	5
▪ The present indicative tense of regular verbs and of some irregular verbs:	6
▪ Asking and telling the time:	7, 8, 9
▪ Talking about the daily routine:	9
▪ The pronunciation of letters *b* and *v*:	10
▪ The use of the comma and the full stop:	11

1. ☑ Match the following words with the verbs below. There may be more than one possibility.

una palabra

una foto

el libro

un diálogo

una tabla

un texto

dos columnas

una oración

un dibujo

palabras y dibujos

1. Escuchar: _un diálogo, un texto, una palabra, una oración._
2. Mirar:
3. Relacionar:
4. Leer:
5. Abrir:
6. Escribir:
7. Completar:
8. Subrayar:

2. a. 📖 Read the list of rules in Mark's class. Decide if the following sentences are true (T) or false (F).

LAS NORMAS DE LA CLASE

1. Hay que hablar siempre en español, pero se puede traducir alguna palabra.
2. Se puede utilizar un diccionario.
3. Los alumnos de la misma nacionalidad tienen que sentarse separados.
4. Hay que estar en el aula cinco minutos antes de empezar la clase.
5. No se puede entrar en la clase si la puerta está cerrada.
6. Está prohibido comer chicle en clase.
7. No se puede comer en clase, pero se puede beber agua.
8. Hay que hacer los deberes todos los días.
9. Está prohibido quitarse los zapatos.
10. Hay que sentarse correctamente.

	T	F
1. Está prohibido usar el diccionario.	☐	☐
2. No se puede llegar tarde.	☐	☐
3. No se puede comer ni beber.	☐	☐
4. Hay que quitarse los zapatos.	☐	☐
5. Está prohibido hablar en otra lengua.	☐	☐
6. Se puede trabajar con alumnos de la misma nacionalidad.	☐	☐

b. 🗨 Are any of the rules of Mark's class important to you? Would you like to have any of them in your class? Discuss with your classmates.

3. a. [G] Read the following statements. Complete the explanation below using the structures *hay que* or *tener que*.

A	B
– En clase tengo que participar.	– En clase hay que hablar español.
– Tenemos que ser puntuales.	– Hay que hacer los deberes.
– El profesor tiene que resolver las dudas.	– Hay que escuchar a los compañeros.

> **Expressing obligation:**
> *hay que/tener que*
>
> ■ When expressing obligation in a general sense, we use _____ + infinitive.
>
> ■ When expressing obligation as something personal and we specify who we are addressing, we use _____ + infinitive.

b. [G] List three things you think we all have to do to learn a language, and three things that you have to do.

Para aprender una lengua hay que...

– --

– --

– --

Para aprender español yo tengo que...

– --

– --

– --

4. a. [C] Match the following questions with the correct answers.

1. Perdona, ¿puedes repetir, por favor?	**a.** Biblioteca.
2. ¿Cómo se escribe tu apellido?	**b.** Con be.
3. ¿Cómo se dice *library* en español?	**c.** Sí, claro. Abrid el libro por la página 20.
4. ¿Qué significa *buenos días*?	**d.** Diccionario.
5. ¿Cómo se dice: *dictionario* o *diccionario*?	**e.** Es algo que se dice para saludar por la mañana.
6. ¿*Bolígrafo* se escribe con be o con uve?	**f.** Con ka. Ka, ene, a, ese, te, e, erre.

b. (16) Listen and check your answers.

5. a. 📖 E Read the following learning strategies used by language students. Do you use any of them? If so, tick them.

Cuando aprendo una palabra nueva la anoto en un cuaderno y escribo un ejemplo para recordar su significado y saber cómo utilizarla. (Anna) ☐

Practico lo que aprendo en clase hablando con españoles o con otros estudiantes de español. (Kharuk) ☐

No me preocupo por entenderlo todo cuando hablo con alguien. Intento entender solo lo básico. (Jeanne) ☐

Para aprender vocabulario leo mucho, sobre todo, revistas de información general. Pero no intento comprender todas las palabras, solo el sentido general del texto. (Naoko) ☐

Escucho canciones y leo la letra para aprender vocabulario. (Carolina) ☐

Cuando hablo con españoles o hispanoamericanos, miro la cara y las manos de las personas para entender mejor lo que dicen. (Ken) ☐

Repito en voz alta las palabras nuevas y expresiones importantes (por ejemplo, *¿puede repetir, por favor?*) (Hans) ☐

b. 📖 E Read the above texts again and decide if the statements below are true (T) or false (F).

	T	F
1. Anna traduce todas las palabras nuevas.	☐	☐
2. Cuando habla con alguien, Jeanne se preocupa por comprender todo.	☐	☐
3. Ken se fija en los gestos para comprender mejor.	☐	☐
4. Kharuk intenta practicar todo lo que aprende en clase.	☐	☐
5. Naoko lee para aprender palabras nuevas.	☐	☐

c. 🔊 E Think of what other strategies you use to communicate or to help you learn. Then describe them and comment on when you use them.

_____
_____
_____
_____
_____
_____
_____
_____

6. a. 📖 Read the email Lola sends her friend Claire. What is the topic of the email? Tick the correct answer.

☐ su nueva casa   ☐ el trabajo de Claire   ☐ los fines de semana   ☐ la rutina de Lola y su familia

De	lopr.com@net
Para	Claire
Asunto	hola

¡Hola, Claire! ¿Qué tal con tu nueva casa?

Yo estoy muy contenta con mi nueva vida, aquí en Barcelona. Pero con mi horario de trabajo no puedo llevar a los niños al colegio, van en autobús. Empiezo a trabajar a las ocho (me levanto a las siete menos cuarto ☹) y salgo a las tres. Es muy buen horario, porque tengo la tarde libre. Llego a casa, como rápidamente y después voy a buscar a los niños, que salen del colegio a las cinco. Y hay más… Los lunes y los viernes tienen clase de inglés de cinco y media a seis y media. Y los martes y jueves, Claudia tiene clase de ballet a las seis y media y Mateo va a jugar con Sergio, un amiguito que vive cerca de casa. Los miércoles no tienen clase por la tarde; es el día más tranquilo: no salimos, pasamos la tarde en casa. Los niños juegan, hacen los deberes, ven la tele…

Pepe está bien, pero trabaja mucho. Llega a casa a las nueve y media de la noche. Pero los fines de semana no trabaja. Lleva a los niños a la piscina y yo, si puedo, voy al cine, hago la compra o voy a dar una vuelta con mis amigas.

¡Ah! Me pides una foto de los niños: te mando una en el próximo correo. ¿Qué tal Mark y Mitchell? Escríbeme pronto.

Un beso muy fuerte,

Lola

b. Ⓖ Do you know the infinitive of the following verbs? Read Lola's email again and write the correct infinitives below.

■ puedo: __poder__   ■ empiezo: _____   ■ tienen: _____

■ juegan: _____   ■ pides: _____

c. Ⓖ The verbs included in activity 6. b. are irregular. Read them again and complete the table below with the correct kind of irregularity.

┌─────────────┐
│ e → i │
└─────────────┘

┌─────────────┐
│ e → ie │
└─────────────┘

PRESENTE: VERBOS IRREGULARES		
_____	o → ue	_____
EMPEZAR	**PODER**	**PEDIR**
(yo) empiezo	puedo	pido
(tú) empiezas	puedes	pides
(él, ella, usted) empieza	puede	pide
(nosotros/as) empezamos	podemos	pedimos
(vosotros/as) empezáis	podéis	pedís
(ellos/as, ustedes) empiezan	pueden	piden

7. [C] Can you tell the time on these clocks? Draw the hands.

| Es la una en punto. | Son las dos menos cuarto. | Son las once y media. | Son las cuatro menos diez. |

8. a. [C] Write out the following times.

1. 13.30: _Es la una y media._
2. 21.00: _____
3. 12.40: _____
4. 8.25: _____

5. 18.15: _____
6. 10.45: _____
7. 14.30: _____
8. 19.10: _____

b. ⑰ Listen and check your answers.

c. ⑰ [C] Listen again and write the three ways we ask what the time is.

_____
_____
_____

9. a. [G] At what times in the week and at weekends do you do these things?

Durante la semana, me levanto a las siete y media y los fines de semana a las diez.

_____
_____
_____
_____
_____

b. [G] Find a classmate who does two things at the same time as you.

◆ ¿A qué hora te levantas durante la semana?
◆ A las siete y media.
◆ Yo, a las ocho.

10. a. [P] Look at the following words. Do you know how to pronounce them?

1. libro
2. actividad
3. levantarse
4. cambiar
5. viernes
6. dibujar
7. hablar
8. sábado
9. ver
10. escribir

b. ⑱ [P] Listen and repeat.

c. [O] In spoken Spanish, no distinction is made between *b* and *v*. Do you know more words written with *b* or *v*? List them. Use a dictionary if you aren't sure.

Con *b*: _billete,_ --

Con *v*: _avión,_ ---

11. [O] Read the punctuation rules for the comma and the full stop. Then read the examples below and put the number of each sentence in the correct blank.

Punctuation marks
We use the **comma**/**coma** (,):
■ To separate the items on a list. For example: no 5.
■ After the name of the person we are addressing. For example: no ____ .
■ To indicate an explanation in a sentence. For example: no ____ and no ____.
We use the **full stop**/**punto** (.):
■ To separate sentences. After the full stop we always use capital letters. We use the **full stop** (**no new paragraph**)/**punto y seguido** when we are still referring to the same topic, idea or subject. For example: no ____.
■ We use the **full stop** (**new paragraph**)/**punto y aparte** to change topic, idea or subject.
■ We always use a **full stop**/**punto final** to end a text.

1. Por las mañanas voy a la universidad. Tengo clase todos los días.
2. La plaza, situada en el centro de la ciudad, está a 250 metros sobre el nivel del mar.
3. Estudio inglés por la tarde, dos días a la semana.
4. Luis, ¿dónde están las llaves?
5. En el dormitorio hay armarios empotrados, tenemos la cama, las mesillas de noche, un espejo y una butaca.

Now I know how to...

	☺	😐	☹
■ ask and understand if something is obligatory or whether it is allowed			
■ say that I have not understood something and ask for it to be repeated			
■ ask people to talk more slowly and more loudly			
■ exchange basic information on the language learning strategies I use			
■ ask and tell the time			
■ ask for and give simple information about daily life and routine			

Self-assessment

1.

Read the following text. Decide if the statements below are true (T) or false (F).

POLIDEPORTIVO MASDEPORTE

CLASES DE NATACIÓN

ADULTOS	L, X, V	8.30-17.30 y 19.30-22.30
Clases de 60 min.	M, J	14.00-17.30 y 19.30-22.30
Grupos de doce alumnos.	S	10.00-11.00
NIÑOS	L, X, V	17.00-20.00
Clases de 60 min.	M, J	17.00-20.00
Grupos de doce alumnos.	S	11.00-14.00
BEBÉS: Aprendizaje	L, X, V	8.00-17.00
Clases de 30 min.	M	11.30-17.00
Grupos de cinco bebés.	J	12.30-13.00
Durante la clase, los bebés deben	S	12.30-13.30
estar acompañados de un adulto.	D	11.00-13.00
NATACIÓN LIBRE	M	10.00-17.00
Sesiones de 60 min. de natación.	J	9.00-13.00 y 14.00-17.00
Sin monitor.	S	12.30-14.00
	D	10.00-14.00

	T	F
1. El número máximo de alumnos por grupo es de 12.	☐	☐
2. Todas las clases duran una hora.	☐	☐
3. El polideportivo ofrece clases de natación los fines de semana.	☐	☐
4. Las clases de adultos se imparten por la mañana y por la tarde.	☐	☐
5. Las clases de niños se imparten solo por la tarde.	☐	☐

2.

Tick the correct option.

1. ¿Se puede hablar en inglés en clase?
   a. Puede.
   b. Sí, se puede.
   c. No, se puede.

2. ¿Me puedes decir cómo se escribe tu apellido?
   a. Puedo.
   b. Sí, claro. Ge, a, ele, i, a, ene, o. Galiano.
   c. No, lo siento, no se puede.

3. ¿Tiene hora, por favor?
   a. Sí. Tengo hora.
   b. Tengo reloj.
   c. Sí. Las cuatro.

4. ¿A qué hora te acuestas normalmente?
   a. Me acuesto doce de la noche.
   b. Las once y media.
   c. En general, tarde, sobre las once y media de la noche.

5. ¿Qué dices cuando alguien habla muy rápido y no lo entiendes?
   a. ¿Puedes hablar más despacio, por favor?
   b. Más alto, por favor.
   c. Silencio, por favor.

6. ¿A qué hora empieza tu clase de español?
   a. Son las nueve.
   b. Empieza ocho.
   c. A las nueve y media.

In this unit you will work on:

■ The present indicative tense of some irregular verbs:	1, 2, 3
■ Describing physical appearance and personality:	4, 5, 6
■ Talking about the family:	7
■ Possessives (*mi*, *tu*, *su*, etc.):	8
■ The interrogative pronoun *quién/es*:	9
■ Suggesting things to do in your spare time; accepting or rejecting suggestions:	10, 11
■ Talking about festivities and customs:	12, 13
■ The pronunciation of letters *c* and *z*:	14

1. G Read the following verbs in the present indicative, first person singular (yo).
Which is the infinitive of each of these verbs?

soy → _ser_

doy → ....

estoy → ....

salgo → ....

vengo → ....

tengo → ....

digo → ....

hago → ....

2. G Look at this table for *ser* and *ir*.
Fill in the boxes with the correct forms
of the present indicative.

	SER	IR
(yo)		
(tú)	eres	vas
(él, ella, usted)		
(nosotros/as)		vamos
(vosotros/as)	sois	vais
(ellos/as, ustedes)	son	

3. G Complete the following crossword, using the present indicative form of the verbs
in the person given.

HORIZONTALES:
1. PODER, tercera persona del singular.
2. PARECERSE, segunda persona del plural: os ....
3. QUERER, segunda persona del singular.
4. TENER, primera persona del singular.
5. SER, primera persona del plural.

VERTICALES:
6. TENER, segunda persona del singular.
7. SER, segunda persona del singular.
8. DECIR, segunda persona del plural.
9. SER, tercera persona del singular.
10. IR, segunda persona del singular.

4. a. ⑲ Listen to a conversation between two friends and tick the correct answer.

¿De quién hablan?

☐ Del novio de Begoña.
☐ De su hermano.
☐ De su cuñado.

b. ⑲ V Listen
again and tick the
picture that matches
the description.

5. [V] **Spot the eight differences between these two drawings of Jaime's family.**

Arturo — Carmela   Arturo — Carmela

Jaime   Maite   Sonia   Jaime   Maite   Sonia

1. En el dibujo de la derecha, Jaime tiene el pelo rizado.

2.

3.

4.

5.

6.

7.

8.

6. **a.** 📖 **Read the email that Ana sent her friend Lola and answer the following questions:**

1. ¿Cómo es Ana?

2. ¿Dónde quiere quedar Ana con Lola?

3. ¿A qué hora quiere quedar?

De	Ana
Para	Lola
Asunto	¿Quedamos?

¡Hola!

El lunes nos vemos. ¡Qué bien! Nos conocemos por correo electrónico desde hace muchos años pero... no nos conocemos en persona. Qué curioso, ¿verdad?

Llego a la estación de Atocha a las diez y media. ¿Quedamos en el bar que está a la salida, a la izquierda?
Si te parece bien, te espero allí tomando un café. Tengo los ojos marrones y el pelo largo, castaño y muy rizado.
Soy bajita y llevo gafas. Mi madre, ya sabes, las madres, dice que me parezco a Penélope Cruz.

¡Hasta pronto!

Un abrazo,

Ana

b. 🖳 **Now write Lola's reply in your notebook. You agree to meet Ana and describe yourself so she can recognise you.**

7. a. 🔟 V̅ You will hear Pablo talking about his family. Listen carefully and put the missing names in his family tree.

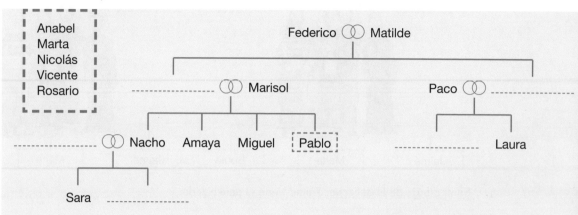

b. V̅ Underline the correct option.

1. Anabel es la **hermana/mujer/prima** de Nacho.

2. Paco es el **tío/primo/marido** de Rosario.

3. Rosario es la **hermana/cuñada/prima** de Marisol.

4. Rosario y Paco tienen dos **primas/hijas/sobrinas**.

5. Nicolás es el **primo/hermano/suegro** de Sara.

6. Vicente y Marisol son los **tíos/cuñados/abuelos** de Sara y Nicolás.

7. Marta es **hermana/cuñada/prima** de Nacho.

8. G̅ Fill in the blanks in the following conversation between two friends, using the correct possessives (*mi, tu, su*, etc.).

◆ Luis, ¿cómo se llaman _____ sobrinos?

◆ Teresa y Eva. Son muy simpáticos. ¿Tú tienes sobrinos?

◆ Sí, tengo tres. Virginia, que tiene cuatro años, Andrés, que tiene dos, y Carlitos, mi sobrino pequeño.

◆ ¿Carlitos es hijo de _____ hermana Carmen?

◆ No, es hijo de _____ hermano Antonio. Por cierto, el viernes es _____ cumpleaños, cumple un añito y _____ padres van a hacer una fiesta para los amigos. ¿Te apetece venir?

◆ Sí, qué bien. Así le conozco.

◆ ¡Estupendo!

9. G̅ Complete the following questions using the correct form: *¿quién es?, ¿quienes son?*

1. ¿_____ tus padres?

2. ¿_____ esta chica?

3. Tu marido, ¿_____?

4. ¿_____ los hermanos de Alberto?

5. No conozco a esa señora… ¿_____?

6. ¿_____ los amigos de Rosa?

10. a. Read the following plots of Spanish and Spanish-American films. Do you know them? If you could watch one, which one would you choose?

Argentina.
Dirección: Juan José Campanella

Sinopsis:
Rafael, de 42 años, está en crisis.
Divorciado, no tiene tiempo para ver a su hija, no tiene amigos, pasa todo su tiempo en el estaurante de su padre y su madre tiene Alzheimer. Un día se replantea su situación y decide ayudar a su padre para cumplir el sueño de su madre.

España-Alemania.
Dirección: Moncho Armendáriz

Sinopsis:
Lourdes, de 25 años, viaja a Obaba con su cámara de vídeo para filmar el presente de las personas que viven allí. Y se encuentra con que sus habitantes viven en un pasado del que no pueden huir.

España-Francia-Italia.
Dirección: Fernando León de Aranoa

Sinopsis:
En una ciudad de la costa norte, muchos hombres y mujeres han perdido su empleo tras la reconversión industrial. Un grupo de amigos comparte sus esperanzas y frustraciones.

b. C What would you say in these situations?

1. Un amigo te llama para ir el lunes al cine, pero no tienes mucho dinero... ¿Qué le contestas?

----

2. Tu profesor de español te llama para ir al cine a ver *El hijo de la novia*. ¿Qué le dices?

----

3. Una amiga te propone ver una película, pero tú prefieres ir a ver otra. ¿Qué le dices?

----

11. a. These museums are in Barcelona. Do you know them? Discuss with your partner.

Museo Nacional de Arte de Cataluña

Museo Picasso de Barcelona

Fundación Joan Miró

b. 21 You will hear a conversation between two friends. Decide if the following statements are true (T) or false (F).

	T	F
1. Quedan el viernes para ir a un cumpleaños.	☐	☐
2. Van el domingo al Museo Nacional de Arte.	☐	☐
3. Van a una exposición en la Fundación Joan Miró.	☐	☐
4. Quedan en el museo.	☐	☐

12. a. [V] Aside from birthdays, what other things do you celebrate with your family?

----

b. [Cs] Read the following sentences about Spanish festivities and decide if they are true (T) or false (F).

	T	F
1. El día de Nochebuena se celebra el 24 de diciembre.	☐	☐
2. En Nochebuena mucha gente sale por la noche con los amigos.	☐	☐
3. El día de Navidad se celebra el 25 de diciembre.	☐	☐
4. El día de Reyes se pone en casa el árbol de Navidad.	☐	☐
5. El día de Reyes casi todo el mundo hace regalos a los niños de la familia.	☐	☐
6. El 31 de diciembre se celebra el día de Fin de Año o día de Nochevieja.	☐	☐
7. En Nochevieja todo el mundo cena en casa, con la familia.	☐	☐
8. El día de Navidad se suele organizar una comida familiar.	☐	☐

c. [Cs] Discuss with your classmates.

13. a. [E] Read the title of the text below and write three words you think will be in the text.

----------------------------------   ----------------------------------   ----------------------------------

La última noche del año

La noche del 31 de diciembre al 1 de enero es, para la mayoría de los españoles, sinónimo de fiesta. Al contrario de la cena de Nochebuena y la comida de Navidad, la Nochevieja mucha gente la celebra con los amigos.

Unos cenan con la familia para, después, ir a alguna fiesta en una discoteca de moda, con sus mejores trajes de gala. Otros pasan esa noche con sus amigos.

En España bastantes familias siguen el Fin de Año a través de la televisión, con la retransmisión en directo de las últimas 12 campanadas de la medianoche del día 31 desde el reloj de la Puerta del Sol, en Madrid. Esta costumbre se acompaña de las doce uvas de la suerte: con cada campanada se toma una.

b. Now read the text and answer the following questions.

1. ¿Cuántas campanadas suenan en Nochevieja?

----

2. ¿Qué comen los españoles en ese momento?

----

3. ¿Todos los españoles pasan la Nochevieja en familia, como en Nochebuena y Navidad?

----

4. Y tú, ¿cómo celebras la Nochevieja? Escríbelo en tu cuaderno.

----

14. a. ㉒ P Look at the following words. Do you know how to pronounce them? Discuss with your partner. Then listen and check.

1. aceptar
2. aprendizaje
3. decir
4. felicitar
5. hacer

6. marzo
7. ocio
8. parecer
9. rizado
10. Venezuela

b. Ⓞ Read the above words again. Underline the words with the letter *c* and circle the words with the letter *z*.

c. Ⓞ Read the words again and fill in the following box with the correct spelling rule.

The spelling of letters *c* and *z*
In Spanish, the sound /θ/ is represented by: ■ the letter *c* followed by vowels *e*, ⎯⎯⎯⎯. ■ the letter *z* followed by vowels *a*, ⎯⎯⎯⎯, ⎯⎯⎯⎯.

d. ㉓ Ⓞ You will hear a list of ten words. Put them into the correct column below.

C	Z

e. Ⓞ Think of other words you know that are spelt with *c* or *z* and add them to the list.

Now I know how to...

	☺	☻	☹
■ give and understand a simple description of someone (physical appearance and personality)			
■ briefly describe my family and say who I look like			
■ suggest a pair or group activity			
■ accept or reject a suggestion			
■ wish someone a happy birthday and thank someone for a present			

Self-assessment

1.

Which word in each group is the odd one out?

1. simpático - alegre - divertido - ~~aburrido~~
2. Navidad - cumpleaños - Nochebuena - Nochevieja
3. vago - castaño - pelirrojo - rubio
4. barba - bigote - pelo - pie
5. regalo - tarta - uvas - cumpleaños
6. novio - nieto - suegro - sobrino
7. ¡Muchas gracias! - ¡Qué bien! - ¡Vale! - No puedo.

2.

Listen to the conversation and tick the person they are talking about.

 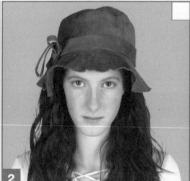 

3.

Tick the correct option.

1. ¿Te apetece ir a un museo?
   a. ¡Estupendo!
   b. ¡Qué bonito! Muchas gracias.
   c. ¡Felicidades!

2. ¿Estás casado?
   a. Sí, estoy divorciado.
   b. Sí, con Irene.
   c. Sí, soy viudo.

3. ¡Qué generosa!
   a. Sí, es muy rubia.
   b. Sí, es un poco aburrida.
   c. Sí, y es bastante trabajadora.

4. ¿Es Virginia?
   a. No, Virginia lleva gafas…
   b. No, Virginia es gafas...
   c. No, Virginia se parece gafas...

5. ¿Cómo es tu amigo?
   a. Es un poco simpático.
   b. Es muy simpático.
   c. No es un poco simpático.

6. ¿Tus hermanos viven en España?
   a. Nacho sí. Un otro hermano vive en Dublín.
   b. Nacho sí. Mi hermano vive en Dublín.
   c. Nacho sí. Mi otro hermano vive en Dublín.

In this unit you will work on:

■ Vocabulary about clothes:	1
■ Direct object pronouns (*lo*, *la*, *los*, *las*):	1
■ Talking about your tastes and preferences:	1, 2, 4
■ Opening hours in Spain and other countries:	3
■ The present indicative tense of some irregular verbs:	5
■ Asking for and giving the price of something:	6
■ Numbers from 100 to 1000:	7
■ Colours:	8
■ Going shopping:	9, 10
■ The pronunciation of letters *p* and *b*:	11
■ Difference between *porque* and *por qué*:	12

1. a. 25 V Ana and Cristina have gone shopping.
Listen carefully to their conversation and circle the clothes
they mention.

un vestido	una camisa	unos pantalones
una blusa	un abrigo	una camiseta
una cazadora	una falda	un jersey
unos zapatos	unas botas	una chaqueta

b. 25 G What do Ana and Cristina finally buy? Listen again and write it down,
using the direct object pronouns (*lo, la, los, las*).

1. Un vestido negro. → _Sí, lo compran._
2. Unos pantalones vaqueros. → _No, no los compran._
3. Una blusa rosa. → _____
4. Un abrigo. → _____
5. Una cazadora. → _____
6. Una falda azul de pana. → _____
7. Unas botas. → _____
8. Una chaqueta roja. → _____

c. V What do you like to wear, formal clothing, casual wear, comfortable clothes, classic
style...? What would you wear in these situations? Write your answer.

para ir al trabajo	para salir con tus amigos	para ir a una fiesta	para estar en casa

d. V Ask your partner what clothes they would wear for each of the
previous situations. Do you have the same taste?

◆ Yo, para ir a trabajar, llevo ropa informal.
◆ Yo no, prefiero la ropa más clásica.
◆ ¿Por ejemplo?
◆ Pues unos pantalones, una camisa y una chaqueta.

2. G Look at what Laura likes and dislikes. Do you have the same tastes?
You can use the expressions *a mí sí/no, a mí también/tampoco.*

1. Me gusta mucho viajar. → _A mí también._
2. No me gustan las ciudades grandes. → _____
3. Me gustan mucho los perros. → _____
4. Me gusta bailar salsa. → _____
5. No me gusta salir por las noches. → _____
6. Me gustan los ordenadores. → _____
7. La pasta me gusta mucho. → _____
8. No me gusta el fútbol. → _____

3. a. 📖 Cs Read the following text about opening hours in Spain included in the tourism guide *Viajeros del mundo.* Decide if the following statements are true (T) or false (F).

	T	F
1. Muchas peluquerías y farmacias no abren los sábados por la tarde.	☐	☐
2. Los centros comerciales tienen horario continuado.	☐	☐
3. Las tiendas pequeñas suelen cerrar a la hora de la comida.	☐	☐
4. Las peluquerías normalmente abren los sábados por la tarde.	☐	☐
5. Los bancos abren por la tarde.	☐	☐
6. Lo que más compra la gente en rebajas son regalos.	☐	☐

Horarios comerciales

…Unas flores, chocolate, un diccionario, un sofá. Los grandes almacenes son esas tiendas donde puedes comprar casi todo. En España tienen un horario muy amplio: abren a las diez de la mañana y cierran a las nueve o diez de la noche, de lunes a sábado. Y abren el primer domingo de cada mes, de diez u once de la mañana a nueve o diez de la noche, y algunos festivos. Muchas personas que trabajan prefieren hacer la compra en los grandes almacenes porque pueden ir a la hora de la comida o cuando salen de la oficina. Dos veces al año, en los meses de enero y agosto los precios son más baratos en todos los departamentos, son las rebajas. Entonces mucha gente aprovecha la ocasión para comprar, sobre todo, ropa y zapatos.

También los centros comerciales tienen un horario similar al de los grandes almacenes. Allí hay un montón de tiendas de moda, decoración, regalos, etc. También suele haber cafeterías y pequeños restaurantes donde se puede comer algo sencillo y rápido. Muchos tienen incluso salas de cine. Por eso hay familias a quienes les gusta pasar el día en un centro comercial.

En cuanto al pequeño comercio (tiendas de alimentación, panaderías, pastelerías, tiendas de ropa, farmacias, etc.), el horario es más limitado: normalmente cierran a la hora de la comida, de dos a cinco, aproximadamente, y no suelen abrir el sábado por la tarde. Sin embargo, muchas personas prefieren esta opción porque dicen que las tiendas pequeñas son más tranquilas que los centros comerciales y los grandes almacenes.

Las peluquerías tienen un horario similar al de las pequeñas tiendas. Aunque muchas empiezan a abrir también a mediodía, casi todas cierran los sábados por la tarde.

Por último, los bancos cierran a las dos, pero muchas sucursales abren una tarde o los sábados por la mañana durante los meses de invierno.

b. ◁ Cs Write about the opening hours in your country: are they similar to Spanish hours? What time do shops open? What about large shopping centres and department stores?

----

4. a. 🕦 You will hear extracts from the radio programme *Gente en la calle*. Listen carefully and match each extract with the correct picture.

n.º _____   n.º _____   n.º _____

b. 🕦 Listen again and tick the correct option.

1. La mujer prefiere las tiendas pequeñas…

    a. Por la relación con los dependientes.
    b. Porque son más baratas.

2. El hombre prefiere los grandes almacenes…

    a. Porque son más prácticos.
    b. Por los horarios.

3. La chica prefiere los centros comerciales…

    a. Porque son más baratos.
    b. Porque son más cómodos.

c. ◁▤ G What about you? Where do you normally shop: in small shops, in large shopping centres…? Write your answer in your notebook.

La fruta, prefiero comprarla en una frutería o en el mercado.

5. a. G Fill in the following table using the correct forms of the present indicative of the verbs.

	QUERER	PREFERIR	CERRAR
(yo)	quiero		cierro
(tú)			
(él, ella, usted)		prefiere	
(nosotros/as)	queremos		cerramos
(vosotros/as)			
(ellos/as, ustedes)		prefieren	

b. G Complete these verbs with *e* or *ie*.

1. ◆ ¿Qu___res probarte esta falda?

    ◆ No, pref___ro probarme esa, creo que me quedará mejor.

2. ◆ ¿Pref___rís trabajar solos o en equipo?

    ◆ Bueno, pref___rimos trabajar en equipo.

3. ◆ ¿Dónde qu___res ir este año de vacaciones: a la montaña o a la playa?

    ◆ Yo pref___ro la montaña, pero si vosotros qu___réis ir a la playa, no me importa.

4. ◆ ¿Qué qu___res comprarle a Carlos, una mochila o algo de ropa?

    ◆ Yo creo que Carlos pref___re la mochila, la ropa no le gusta mucho.

6. ㉗ V You will hear six conversations between shop assistants and customers in a department store. Listen and tick the price of each item.

1
- ☐ 80,90 €
- ☐ 108,90 €
- ☐ 180 €

4
- ☐ 159 €
- ☐ 155,99 €
- ☐ 105,99 €

2
- ☐ 155,99 €
- ☐ 500,80 €
- ☐ 500,08 €

5
- ☐ 432 €
- ☐ 402 €
- ☐ 452 €

3
- ☐ 200,50 €
- ☐ 250 €
- ☐ 2000,35 €

6
- ☐ 17,40 €
- ☐ 27,40 €
- ☐ 16,40 €

7. a. G Complete the following sentences with the correct form: *quinientos, quinientas.*

1. El libro tiene _____ páginas.

2. El frigorífico cuesta _____ euros.

b. G Read the following grammar rule and write the correct ending in each case.

1. Trescient___ kilómetros.

2. Doscient___ personas.

3. Setecient___ millas.

4. Novecient___ treinta y cuatro euros.

5. Cuatrocient___ dólares.

6. Ochocient___ pesos.

Gender and numbers
Numbers from 200 to 999 are masculine or feminine depending on the gender of the noun they are modifying.
En esta universidad hay mil novecien**tos** alumn**os** matriculados.
En el nuevo centro comercial hay doscien**tas** tien**das**.

c. V Match the elements of each column.

1. 0,5 kilómetros
2. 240 minutos
3. 480 segundos
4. 1000 metros
5. 365 días

a. 4 horas
b. 1 kilómetro
c. 500 metros
d. 8 minutos
e. 1 año

d. V Read again the numbers listed in the left column and put them in order, starting with the smallest. Then write them out.

1. _Cero coma cinco kilómetros._ _____

2. _____

3. _____

4. _____

5. _____

8. V Put the letters in order to make nine colours.

1. Nalcob: __blanco__

2. Jaranan: _____

3. Nórmar: _____

4. Oroj: _____

5. Dreve: _____

6. Luaz: _____

7. Moiralla: _____

8. Rogen: _____

9. Saro: _____

9. a. 28 Alberto is in the changing room of a shop. Listen to his conversation with the shop assistant and tick the correct option.

¿Qué compra?

☐ Nada.
☐ Dos pantalones.
☐ Unos pantalones.

b. 28 Listen again and match the sentence beginnings with the correct endings.

1. Los pantalones azules…

2. Los pantalones marrones…

3. Los pantalones beis…

4. Los pantalones negros…

5. Los pantalones blancos…

6. Los pantalones de pana…

7. Los pantalones vaqueros…

a. … le quedan estrechos.

b. … le quedan anchos.

c. … le quedan largos.

d. … le quedan grandes.

e. … le quedan pequeños.

f. … le quedan bien.

g. … le quedan cortos.

10. C Complete the following dialogues using the terms and expressions in the box.

1. ◆ Buenos días, ¿puedo _____?

  ◆ ¿Me puedo _____ esta camisa?

  ◆ Sí, claro, ¿cuál es su _____?

  ◆ La 40.

2. ◆ ¿Qué tal le queda?

  ◆ No _____ bien, _____ una talla 42.

  ◆ Aquí tiene. ¿Qué tal le queda esta?

  ◆ Esta sí, _____.

3. ◆ Por favor, ¿_____ este jersey?

  ◆ 45,50 €.

4. ◆ ¿Cómo va a pagar, con _____ o en efectivo?

  ◆ En efectivo.

  ◆ 52,30 €, por favor.

ayudarla

talla

tarjeta

probar

necesito

cuánto cuesta

me queda

me la llevo

11. a. ㉙ P Listen and repeat.

1. bar	4. hablar	7. baño	10. playa
2. bonito	5. espalda	8. patio	11. pelo
3. puerta	6. pollo	9. baile	12. bollo

b. ㉚ P Listen and complete the words below with p or b.

1. se___tiembre	4. ___ágina	7. co___a	10. ___asta
2. hom___re	5. o___jeto	8. cuer___o	11. ___uen
3. sé___timo	6. so___re	9. des___acio	12. ár___ol

12. O Read the spelling rule and complete the sentences below.

> ### *Porque / por qué*
>
> ■ We use *por qué* when we ask about the cause of something.
>   ◆ ¿Por qué estudias español?
>
> ■ We use *porque* when we explain the cause of something.
>   ◆ Porque quiero trabajar en Hispanoamérica.

1. ◆ ¿ _____ no tenemos clase el viernes?

   ◆ _____ es la fiesta del trabajo.

2. ◆ ¿ _____ no sales?

   ◆ _____ tengo que estudiar.

3. ◆ ¿Tú _____ compras en el mercado?

   ◆ _____ es más barato.

4. ◆ Y vosotros, ¿ _____ habláis italiano?

   ◆ _____ nuestra madre es de Roma.

5. ◆ ¿Prefieres trabajar en casa?

   ◆ Sí, _____ tengo mi ordenador allí.

6. ◆ ¿ _____ no te compras esos pantalones vaqueros, no te quedan bien?

   ◆ No, no me los compro _____ son demasiado caros.

Now I know how to...

	☺	☻	☹
■ talk about my tastes in clothing and say if I have the same tastes as someone else			
■ describe clothes in a simple way			
■ buy clothes: talk about a garment, ask about the price, etc.			
■ read texts, signs and leaflets for the opening hours of shops, restaurants, banks…			
■ ask about the opening hours of shops, restaurants, the post office…			
■ give basic information on my tastes when buying from different types of shops			
■ ask and answer using *porque* and *por qué*			

Self-assessment

Look at the following sentences. The word highlighted in bold is wrong. Choose the correct term from the column on the right.

1. ◆ ¿Prefieres los pantalones azules o los negros?

   ◆ Prefiero **las** negros. *los*

                       a. el pan

2. ◆ ¿**De** qué hora abren los bancos?

                       b. por qué

3. ◆ A Michael no **te** gusta la gramática.

                       c. le

4. ◆ ¿**Cómo** cuesta ese jersey?

                       d. te gustan

5. ◆ ¿A ti te gusta la pasta?

   ◆ Sí, me gusta mucho.

   ◆ A mí **tampoco**.

                       e. a

                       f. la

6. ◆ Prefiero comprar en el mercado **por qué** es más barato.

                       g. ~~los~~

7. ◆ La farmacia abre de 9 **hasta** 2.

                       h. papelería

8. ◆ La chaqueta de pana, me **lo** llevo.

                       i. porque

9. ◆ Los cuadernos y los bolígrafos, los venden en la **peluquería**.

                       j. también

10. ◆ En la **zapatería** venden fruta y verdura.

                        k. frutería

11. ◆ En la panadería compras **los libros**.

                        l. quinientos treinta

12. ◆ Los zapatos los venden en la **perfumería**.

                        m. zapatería

13. ◆ Estas botas, **¿te gusta?**

                        n. quinientas treinta

14. ◆ ¿Tú **porque** estudias español?

                        ñ. cuánto

15. ◆ Esa bicicleta cuesta **quinientas y treinta** euros.

                        o. a

16. ◆ El cuaderno de ejercicios tiene **quinientos treinta** páginas.

Nutrición y salud

In this unit you will work on:

■ Vocabulary about food:	**1, 2, 3, 4, 10**
■ Talking about what food you like:	**1, 2**
■ Measurements and containers:	**3**
■ The adverbs *muy* and *mucho*:	**5**
■ Suggesting things to do, accepting and rejecting suggestions and arranging to meet:	**6**
■ Ordering in a bar or restaurant:	**7, 8, 9**
■ Giving health advice:	**11, 14**
■ Describing symptoms and illnesses:	**12, 13, 14**
■ The pronunciation and spelling of the letter *r*:	**15, 16, 17**

1. G Write the correct sentence below each picture.

(yo)	(tú)	(él, ella, usted)	(nosotros/as)	(vosotros/as)	(ellos/as, ustedes)
encantar	gustar mucho	gustar bastante	gustar	no gustar	no gustar nada
☺☺☺☺☺	☺☺☺☺	☺☺☺	☺☺	☹☹	☹☹☹☹
1. (A mí) Me encantan las lentejas.	2. _____ _____ _____	3. _____ _____ _____	4. _____ _____ _____	5. _____ _____ _____	6. _____ _____ _____

2. V Complete the list below.

Una comida que me encanta: _____   Un plato que no me gusta nada: _____

Una fruta que me gusta bastante: _____   Algo que siempre hay en mi nevera: _____

Una bebida que me gusta mucho: _____   Un plato que preparo muy bien: _____

3. a. V Look at the pictures below and write the correct container or amount.

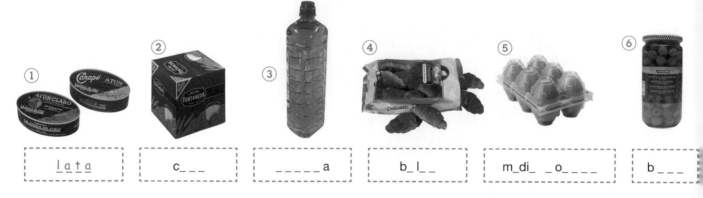

① l a t a	② c _ _ _	③ _ _ _ _ _ a	④ b _ l _ _	⑤ m_di_ _ o _ _ _	⑥ b _ _ _

b. V Complete the following conversation in a market, using the words in the box.

◆ Buenos días, ¿qué desea?

◆ Quería unas manzanas. ¿Qué tal son?

◆ Estas son muy buenas.

◆ Pues... póngame medio _____, por favor.

◆ Muy bien, ¿algo más?

◆ Sí, _____ de kilo de zanahorias y _____ kilo de patatas.

◆ ¿No quiere unos tomates? Están muy ricos...

◆ ¿Tomates? Bueno, póngame _____ grandes.

◆ ¿Algo más?

◆ No, nada más. ¿Cuánto es?

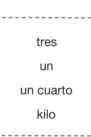

tres

un

un cuarto

kilo

4. V Look at this series of letters. Find eight words related to eating and underline them.

ÑOFFÑGDPIXE<u>TENEDOR</u>CUCHOSDL<u>CUCHARA</u>TELA<u>SERVIETA</u>PLATOREDONN
CUCHILLONBLSJEIA<u>SERVILLETA</u>ZOFMENMBASDIOQSLLIEVASOOAESJUQUE
<u>COPA</u>ASNCPDOXNDLSAKRFDUOKVJNSCJDLVCNSLAÑDEPO<u>MANTEL</u>PLEISSEF

5. G Match the sentences in the two columns below. Then underline the correct form
(*muy, mucho*).

1. Me gustan **muy/mucho** estas copas.

2. ¿Vienes **muy/mucho** a este restaurante?

3. Tengo hambre... Quiero comer... ¡**muy/mucho**
   y rápido!

4. Voy a tomar solo un plato, el segundo.
   No quiero comer **muy/mucho**.

5. No comes... ¿Es que no te gustan las lentejas?

a. Entonces vamos a un restaurante que conozco
   que está **muy/mucho** cerca.

b. No, no **muy/mucho**.

c. Sí, me gusta **muy/mucho**. La comida
   es **muy/mucho** buena.

d. Sí, son **muy/mucho** bonitas.

e. Pero es **muy/mucho** poco. ¿Y si pedimos
   también una ensalada para los dos?

6. a. 31 You will hear a conversation between two friends. Where do they want to go?

Asador Sobrino de Botín
Especialidad: chuletón a la brasa, cordero asa-
do. Excelente calidad. Productos de la tierra.
En pleno centro. c/ Cuchilleros, 17.
Tel. 91 366 42 17

Cervecería Los Timbales
Tapas, tostadas y raciones.
Abierto todos los días de 13.00 a 24.00 h.
Reservas en: 91 725 07 68

Tortillería Cáscaras
Tortillas variadas.
c/ Santa Engracia, 141.
Abierto de una de
la tarde a dos
de la mañana.

b. 31 Listen again and decide if the following statements are true (T) or false (F).

	T	F
1. Felipe propone quedar a Pedro.	☐	☐
2. Pedro acepta la primera invitación.	☐	☐
3. Quedan para cenar.	☐	☐

c. C You and Pedro are arranging to meet. Fill in the blanks in the conversation below.

Pedro: Hola, ¿qué tal?

Tú: *(Saludas y propones tomar algo)*

Pedro: Vale. ¿Quedamos esta tarde?

Tú: *(Rechazas y propones otra alternativa)*

Pedro: Vale. ¿Cómo quedamos?

Tú: *(Propones hora y lugar)*

Pedro: De acuerdo.

7. a. 📖 Look at this restaurant bill and answer the questions below.

1. ¿Cuántas personas son?

----

2. ¿Qué han tomado de primero?

----

3. ¿Y de segundo?

----

4. ¿Y de postre?

----

5. ¿Y para beber?

RESTAURANTE Casa Pepe
Camarero: Alberto

1 ensalada	5,50
1 sopa	4
1 filete con patatas	7
1 merluza a la romana	8
2 tartas de limón	4,50 € ×
1 botella de tinto	6
1 agua mineral	2
1 café con leche	1,50
1 café cortado	1,50

Total importe: 44,50
16% IVA incluido

Gracias por su visita

b. 🗨 Cs Would you pay the same for this food in your country? Discuss with your classmates.

◆ Yo creo que en mi país esta comida es más barata: la ensalada cuesta menos.

◆ Pues en el mío no, es más cara. Sobre todo el pescado y el vino.

8. a. (32) V You will hear a conversation between a waiter and two customers. Listen and fill in the blanks in the menu.

b. (32) Listen again and answer the questions below.

1. ¿Cuánto cuesta el menú?

----

2. ¿El precio incluye el postre?

----

3. ¿Qué toma cada uno?

MENÚ DEL DÍA

Primeros
Consomé.
-------------- de la casa.
-------------- de ajo.

Segundos
Merluza en salsa.
Lasaña.
-------------- de ternera
(con --------------------- o ensalada).

Postres
Flan de la casa.
Tarta casera de queso.
Fruta del tiempo.

Bebida
-------------- de la casa.
-------------- mineral (con gas/sin gas).

9. C Look at these sentences. Who do you think says them, the waiter or the customer?

1. ¿Qué lleva la ensalada mixta?

2. La cuenta, por favor.

3. ¿Me pone una ración de albóndigas, por favor?

4. ¿Desean algo más?

5. Uno con leche, por favor.

6. Aquí tienen el menú.

7. ¿Me trae otro cuchillo, por favor?

8. ¿Saben ya qué van a tomar?

10. a. [V] Put these food products in the correct column.

lechuga	ternera	plátano	garbanzos	cebolla	salmón	cordero

merluza	sardina	fresa	tomate	pollo	sandía	pimiento

CARNE	PESCADO	LEGUMBRES	FRUTA	VERDURA Y HORTALIZAS

b. [V] Add two more terms to each of the groups. You can use a dictionary.

c. [E] Compare your list with those of other students. If there are words you do not know, ask your classmates to explain them to you.

11. a. (33) You will hear two people talking about nutrition on the radio programme *Onda Vital*. Who are they?

1.
☐ Una responsable del Ministerio de Sanidad y Consumo.
☐ La ministra de Sanidad y Consumo.
☐ La directora de un colegio.

2.
☐ Una mujer que está de vacaciones en el campo.
☐ Una mujer que dirige una casa rural.
☐ Una mujer que está de vacaciones en una casa rural.

b. (33) Listen again. What do they advise us to do?

1. --
----

2. --
----

c. In groups, write down what each of you has eaten today or ate yesterday and discuss. What's your conclusion? Do you eat healthy food? If not, what do you have to do? Choose a spokesperson and share your conclusions with the rest of the class.

◆ Nosotros comemos bastante sano, porque tomamos pescado, verdura, etc.
Pero Patrick tiene que beber más agua y tomar más fruta.

12. a. ㉞ **You will hear a conversation. Who are they calling?**

☐ A una farmacia.　　　　☐ A la consulta del médico.　　　☐ A un hospital.

b. ㉞ **Listen again and answer the questions below.**

1. ¿Qué le pasa a la persona que llama?

----

2. ¿Cuándo le quieren dar hora?

----

3. ¿Cuándo va? ¿Por qué?

----

13. a. ☐V☐ **Read the following conversation between a doctor and her patient, and fill in the blanks using the words in the box.**

- Buenos días.
- Buenos días. ¿Qué ----------------------------?
- ---------------------------- el estómago y la cabeza…
  No ---------------------------- bien.
- ¿----------------------------?
- No, fiebre no tengo.
- ¿---------------------------- las articulaciones, las piernas…?
- No.
- ¿---------------------------- la garganta?
- Tampoco… Pero ---------------------------- todo el día. Me levanto cansado y me acuesto cansado.
- ¿---------------------------- últimamente? ¿Hay algo que le preocupa?
- Sí, un poco, tengo muchos problemas en el trabajo.
- Ya veo. Y, dígame, ¿hace usted deporte?
- No…
- Pues mire, lo mejor es que se tome usted unos días de descanso, si puede. Tiene que dormir suficiente, al menos siete horas, y también debe hacer algo de deporte.
- ¿Y no me receta ningún medicamento?
- No. Si le duele la cabeza, puede tomar una aspirina, pero lo que más le va a ayudar es cambiar un poco sus costumbres. Y venga a verme dentro de unos días si no ---------------------------- mejor.
- De acuerdo. Gracias, doctora.
- De nada, buenos días.

| está nervioso |
| estoy cansado |
| le duelen |
| se encuentra |
| le duele |
| le pasa |
| me duelen |
| me encuentro |
| tiene fiebre |

b. ㉟ **Listen again and check your answers.**

14. ◁≡ **You work on a health magazine and have received these two letters from readers. Answer them, giving them advice on what you think is best for each one.**

Querida doctora:

Tengo problemas para dormir. Estoy siempre muy cansada, tengo muy mala cara y, además, no puedo trabajar bien. Pero, por la noche, no consigo descansar. ¿Qué puedo hacer?

Sofía

¡Hola!

Le escribo porque tengo un pequeño problema. Últimamente me duele el estómago después de comer. Antes no tenía este problema. ¿Es normal? ¿Qué tengo que hacer?

Carlos

15. a. 36 P You will hear two tongue twisters. Listen carefully and repeat.

Raúl Riaza toma una ración en la terraza del bar Ramón.

El camarero en ese bar sirve una tapa de calamar.

b. O Read the tongue twisters again and fill in the box with the correct spelling rule.

The spelling of the letter *r*
■ When it is weak, between vowels, we write _____ .
■ When it is strong, between vowels, we write _____ .
■ When it is weak, at the end of the syllable or after consonants *b*, *c*, *d*, *g*, *k*, *p* and *t* and forming a syllable, we write *r*.
■ When it is strong, at the beginning of the word, we write _____ .
■ When it is strong, after consonants *n*, *s* and *l*, we write *r*.

16. 37 P Listen and write *r* or *rr*.

1. cucha___a
2. se___villeta
3. azúca___
4. ce___ar
5. zanaho___ia
6. ___estaurante
7. ba___ato
8. ___efresco
9. me___luza
10. post___e
11. ___ación
12. pa___illa

17. O Do you know more words written with *r* or *rr*? If you do, write them down and dictate them to your partner. Then check and correct them if necessary.

Con *r*: _____

Con *rr*: _____

Now I know how to...

■ read and understand the basic information in a bar or restaurant menu			
■ order in bars and restaurants: ask about the ingredients of a dish, ask for the bill, etc.			
■ ask for and give information about what people like eating and drinking			
■ ask for and give information about health			
■ offer simple advice on health			
■ suggest a pair or group activity and accept or reject a suggestion			
■ arrange to meet			

Self-assessment

1.

Match the sentence beginnings with the correct endings.

1. Nos encanta…
2. Le gustan…
3. Me duele…
4. Te duelen…
5. No les gusta…

a. … la cabeza.
b. … comer.
c. … los pies.
d. … nada el teatro.
e. … mucho las galletas.

2.

Read the following messages and tick the correct option.

1.

> Sara,
> Nicolás no puede ir al cine. Propone quedar mañana. Llámalo.

☐ Quedan hoy.
☐ No quedan hoy.

2.

> ¿TE APETECE QUEDAR HOY? ¿CENAMOS CON JUAN? SI PUEDES, QUEDAMOS TARDE, ES QUE TENGO QUE ESTUDIAR… LLÁMAME.

☐ Propone quedar hoy para cenar.
☐ Propone quedar mañana por la tarde.

3.

Tick the correct option.

1. _____ las piernas, _____ hacer deporte.
   a. Me duele/tengo que
   b. Me duelen/debo que
   c. Me duelen/tengo que

2. No me gusta _____ el teatro, pero me encanta _____ el cine.
   a. nada/Ø
   b. mucho/mucho
   c. bastante/Ø

3. ¿Te apetece _____ hoy al cine?
   a. ir
   b. vamos
   c. salimos

4. _____ tienes vacaciones, _____ ir a Argentina, es un país _____ interesante.
   a. Si/tienes que/muy
   b. Ø/tienes/mucho
   c. Ø/debes/mucho

In this unit you will work on:

■ Vocabulary about everyday objects:	1, 3, 4, 7
■ Describing objects:	2, 4, 7
■ Possessives:	4, 7
■ Demonstratives:	5, 7
■ The interrogative pronouns *qué, cuál/es*:	6
■ Asking for and giving information to identify an object:	7
■ Describing a house:	8, 9
■ Giving instructions:	10, 11
■ The pronunciation and spelling of letters *g* and *j*:	12

1. a. ⊡ Read the list below and tick which of the objects are **not** in the pictures.

☐ un marco de fotos   ☐ una lámpara
☐ una cartera   ☐ unos guantes
☐ una bufanda   ☐ un florero
☐ una agenda   ☐ unas llaves
☐ un despertador   ☐ una copa
☐ un reloj   ☐ un bolso

b. ⊡ Pair work. Look at the pictures again for a minute. Cover them and write down all the objects you can remember. Who has remembered the most?

_____

_____

c. ⊡ Do pictures help you to remember new vocabulary? Would you rather use another method? If so, which one? Discuss with your classmates.

2. ⊡ Put the following words into the correct column below. Use a dictionary to check the meaning of the words you don't know.

| algodón | grande | enorme | alargado/a | cristal |

| ovalado/a | mediano/a | redondo/a | plástico |

| seda | rectangular | pequeño/a | cuadrado/a | madera |

TAMAÑO	FORMA	MATERIAL
Es grande.	Es alargado/a.	Es de algodón.

3. V Write five words related to the following parts of a house.

La cocina: --

El salón: ---

El dormitorio: --

El cuarto de baño: ---

4. a. 38 V Listen to a conversation between Ángela, her boyfriend Luis and their friend Laia. Ángela and Luis need to buy some things for their house. Laia goes with them for she also has to buy a few things. Indicate which list belongs to who.

una lámpara para el salón
un juego de café
una cafetera
unas copas
unos cubiertos
un frutero

una lámpara para la mesilla de noche
una jarra para el agua
unos vasos
un frutero
un florero
un revistero
unas plantas para la terraza

1. Esta es la lista de ------------------

2. Esta es la lista de ------------------

b. G When they are about to pay, their things get mixed up with those of another customer. Try to remember what they have bought. Fill in the blanks in the following conversation, using the correct possessives.

LAIA: A ver, esta lámpara para la mesilla de noche es ___mía___, y la grande es ------------------ , ¿no, chicos?

ÁNGELA: Sí, sí, es ------------------ Y también la cafetera, la tetera...

CLIENTA: Disculpe, pero la tetera es ------------------.

ÁNGELA: ¡Ay! Sí, perdone, es que con tanta bolsa... Y este florero redondo, ¿también es ------------------?

CLIENTA: Sí, es ------------------ ¿Y este otro cuadrado es de ustedes?

LAIA: A ver... sí, el cuadrado es ------------------ Y el revistero, también.

CLIENTA: No, no, perdone, este revistero es ------------------; el suyo es este de madera.

LAIA: Sí, es verdad, perdón. Ángela, Luis, los cubiertos...

LUIS: Los de acero inoxidable son ------------------, ¿no, Ángela? Pero estos de plástico no. ¿Son ------------------, Laia?

LAIA: No, no son ------------------ ¿Son ------------------, señora?

CLIENTA: Sí, gracias.

LUIS: A ver. Los vasos y la jarra son ------------------, Laia. Y también este frutero de cristal.

LAIA: Sí, son ------------------, gracias. Y las plantas también. ¿Me las acercas, por favor, Luis? Gracias. Y estas velas, ¿son ------------------?

LUIS: ¿Las velas? No, creo que son de esta señora...

CLIENTA: Sí, gracias, son ------------------ .

LUIS: ¡Por fin! Ya está todo.

c. 39 G Listen again and check your answers.

5. G Look at these drawings. Put the following sentences in the correct bubbles.

¿Vamos a ver aquellos?   ¿Vemos esos de ahí?   Mira estos abrigos de aquí.

No me gustan mucho...

Muy bien, vamos.

Perdone, ¿no tienen más abrigos?   Sí, allí.

Bueno, vamos.

6. G Complete the following dialogues using the correct interrogative pronouns (*qué, cuál, cuáles*).

1.

◆ ¿---------- fruta prefieres?

◆ No sé..., me gusta todo.

◆ Sí, pero, ¿---------- fruta te gusta más?

2.

◆ ¿---------- regalo es mejor para Pepe: una película o un disco?

◆ ¿Para Pepe? Una película; le encanta el cine.

3.

◆ ¿---------- lámpara prefieres para el dormitorio: de techo o una pequeña para la mesita de noche?

◆ De techo.

◆ Sí, pero de las de techo, ¿---------- te gusta? Como hay tantos modelos.

4.

◆ ¿Qué te vas a poner para la fiesta?

◆ No sé, no estoy segura. ¿A ti ---------- vestido te gusta más, este o este?

◆ El negro, es más elegante.

5.

◆ ¿---------- te gustan más, los zapatos marrones o los negros?

◆ A mí, los marrones. Son preciosos.

6.

◆ ¿---------- película prefieres ver, una de guerra o una comedia?

◆ Mejor vemos la comedia, ¿no?

◆ Bueno.

7. C Match the following questions with the correct answers.

1. ¿Es de lana el jersey?
2. ¿Para qué sirve esto?
3. ¿Te gusta?
4. ¿Cómo es?
5. ¿Qué zapatos te vas a comprar?
6. ¿Usted cuál me recomienda?
7. ¿Es suyo este abrigo, señora?
8. ¿Sabes qué es esto?

a. Estos, son muy cómodos.
b. No estoy seguro, pero creo que es una panera. Sirve para guardar el pan.
c. Sí, es muy elegante.
d. Rectangular, de acero y cristal.
e. ¿Esto? Para abrir botellas.
f. No, es de algodón.
g. Esta. Es cara, pero es una plancha muy buena.
h. No, el mío es aquel, el azul... Está al lado de la chaqueta de piel.

8. a. 📖 Read the following adverts for houses for rent and for sale in Zaragoza. Look at the abbreviations used and then write the complete text.

Barrio San Lamberto **1** Chalé 200 m². 3 dorm., salón, cocina, 2 baños. Buenas vistas. Garaje. Bien comunicado. 250 000 €.	El chalé está en el barrio de San Lamberto. Tiene 200 metros cuadrados. Tiene tres dormitorios, salón, cocina y dos cuartos de baño. Tiene buenas vistas. Tiene garaje y está bien comunicado. Cuesta 250 000 euros.
Zona Universidad **2** Precioso apart. Salón, hab., baño y cocina americana. Calefacción y aire acondicionado. 100 000 €.	
c/ Miguel Servet **3** Piso tres hab., con salón, cocina, aseo y dos baños. Calefac. central. Plaza de garaje opcional. 600 € / mes.	

b. 📖 Which of the previous adverts matches this photograph?

☐ Anuncio 1   ☐ Anuncio 2   ☐ Anuncio 3

9. ◁ In this web page, students can find information on exchanging houses with other students. Write a few sentences describing your house. Use the text below as an example.

www.cambiatucasa.com

Me llamo Matthew y vivo en Atlanta. En mi casa hay dos pisos: en la planta baja están la cocina y el salón. Al lado del salón hay una terraza. Y enfrente de la cocina, hay un cuarto de baño pequeño. En el piso de arriba hay dos dormitorios y otro cuarto de baño.

10. ⬜ You can do many things with a mobile phone. The text below is the index of a mobile phone instructions manual. Read the following statements and decide if they are true (T) or false (F).

	T	F
1. Para saber cómo encender y apagar el teléfono hay que ir a la página 16.	☐	☐
2. Para saber cuáles son las teclas del teléfono y para qué sirven hay que ir a la página 12.	☐	☐
3. La información para hacer una llamada está en la página 38.	☐	☐
4. Se puede enviar mensajes de correo electrónico a través del teléfono.	☐	☐
5. Si el usuario quiere ver las llamadas recibidas tiene que desplegar el menú 2.	☐	☐
6. El teléfono tiene cámara de fotos.	☐	☐

11. a. ㊵ You will hear a conversation between Ana and her grandfather on how to operate a machine. Listen and tick the correct device.

☐ un reproductor MP3   ☐ un teléfono móvil   ☐ una agenda electrónica

b. ㊵ Listen again and match the instructions with their purpose.

- Aprietas la tecla azul.
- Pulsas el número de la opción que quieras.
- Pulsas la tecla de llamada.
- Aprietas la tecla asterisco.
- Marcas el 133.
- Escuchas las opciones que hay en el menú principal.

Para bloquear el teclado.

Para escuchar los mensajes.

12. a. P Look at the following words. Do you know how to pronounce them? Discuss with your partner.

1. **g**ente
2. **j**ersey
3. dibu**j**o
4. **j**udía
5. pá**g**ina
6. **j**arra

7. va**j**illa
8. ami**g**a
9. **gu**erra
10. **g**orro
11. a**g**ua
12. **gu**itarra

b. ㊶ P Listen and repeat.

c. O Read the words listed in activity 12. a. again and fill in the following box with the correct spelling rule.

| *u* | *a, o, u* | *g* | *j* | *e, i* |

The spelling of letters *g* and *j*

- The letter _____ always represents the sound /x/; for example, *hija*, *objeto*, *vajilla*, *joven* and *juego*.

- The letter _____ represents the sound /g/ when followed by the vowels _____, like in *gafas*, *gorro* and *lengua*.

- The letter *g* represents the sound /x/ when followed by the vowels _____, like in *congelador* and *página*.

- The letter *g* represents the sound /g/ when the vowel _____ (which is silent) is before the vowels *e*, *i*, like in *juguete* and *guisante*.

- In some words, such as *cigüeña* or *pingüino*, the vowel *u* found in the syllables *güe*, *güi* is pronounced and is indicated by a punctuation mark: the diaeresis/diéresis.

d. P Read the following words out loud. Underline the words with the sound /g/ and circle the words with the sound /x/.

1. agenda
2. hijos
3. yogur
4. portugués

5. naranja
6. galleta
7. guinda
8. tarjeta

e. ㊷ P Listen and check your answers.

Now I know how to...

	☺	☺	☹
■ ask for and give information to identify an object			
■ describe an object in a simple way and classify it			
■ ask for and give information on choosing an object			
■ ask who is the owner of an object			
■ understand newspaper adverts for houses for sale and for rent			
■ write a simple description of a house			
■ ask for and give simple instructions for the use of a machine			

Self-assessment

Read the adverts below and decide if the following statements are true or false.

	T	F
1. Skop es un programa informático que permite hacer llamadas telefónicas a través del ordenador.	☐	☐
2. Para recibir el pañuelo solo hay que ser cliente de Tiendatú y llamar por teléfono para pedirlo.	☐	☐
3. La nueva consola de juegos tiene, como el modelo anterior, doble pantalla, y permite la conexión entre usuarios de la consola.	☐	☐

BIENVENIDO A SKOP

Queremos saludarte y agradecerte la confianza que has depositado en Skop. Creemos que vas a disfrutar mucho utilizando el servicio de llamadas instalado en tu ordenador. Ya sabes que solo necesitas tu conexión a Internet habitual. Antes de realizar la primera llamada, tienes que saber que las llamadas entre usuarios de Skop son gratuitas.

Tiendatú te regala este pañuelo completamente gratis. Elegante y actual, para todos los días y para todos los momentos. Este precioso pañuelo de seda combina fácilmente con todas tus prendas. Gratis con tu próximo pedido. Mira nuestro catálogo y elige las prendas que más te gustan. Solo tienes que llamar al 900 300 300 y hacer tu pedido para recibir este estupendo regalo.

La nueva consola de juegos **ADVANCE-ND** permite jugar con los juegos del modelo anterior, **Game B**, y además, con su nueva doble pantalla, las posibilidades de interacción son mucho mayores y más divertidas. Mejor iluminación de la pantalla, conexión entre usuarios de la consola **ADVANCE-ND** y una batería de mayor duración son algunas de las nuevas ventajas que ofrece **ADVANCE-ND** por muy poco dinero más.

Tick the correct option.

1. ¿De quién es este abrigo?
   a. De mío.
   b. Es mío.
   c. De yo.

2. ¿Qué lámpara prefieres, esta metálica o esa de madera?
   a. La metálica. Da más luz.
   b. Yo tampoco.
   c. De madera.

3. ¿Qué es un ático?
   a. Un apartamento pequeño.
   b. El último piso de un edificio.
   c. Un edificio de varias plantas.

4. ¿Te gustan estos zapatos?
   a. No gustan.
   b. Me gustan; son muy feos.
   c. Sí, son muy bonitos.

5. ¿Cómo es la mesa?
   a. Es de Luis y Ana.
   b. Es grande, cuadrada, de madera y cristal.
   c. Un objeto para trabajar, comer…

6. ¿Y para encenderlo?
   a. Aprietas el botón de apagar.
   b. Pulsas el botón donde pone *volumen*.
   c. Enchufas el aparato y aprietas el botón de encendido.

Ciudades y barrios

In this unit you will work on:

■ Asking for and giving directions:	1, 2, 10, 11
■ Asking for and giving information on the public services in a town or neighbourhood:	2, 3, 4
■ Giving your own opinion, justifying it and saying if you agree with someone else:	3
■ Comparing places:	4
■ Talking about the weather:	5, 6
■ The gerund of regular and irregular verbs:	7
■ *Estar* + gerund:	8, 9
■ The imperative:	10, 11
■ Numbers from 1000 onwards:	12
■ Splitting words into syllables:	13, 14

1. [G] Fill in the blanks in the following dialogues using the correct verb (*hay, está*).

1. ◆ Perdone, ¿sabe dónde .... la biblioteca?

  ◆ Sí, mire, ... allí, en la plaza que .... al lado de Correos.

  ◆ Gracias.

  ◆ De nada.

2. ◆ Perdona, ¿................. algún supermercado por aquí?

  ◆ Sí, ahí .... uno, se llama Superprecio. Y hay otro, Mercabarato, que ....
  por ahí, a unos cien metros, todo recto.

3. ◆ El teatro .... allí, ¿verdad?

  ◆ No, eso es un cine. Tienes que ir hasta el final de la calle. Allí .... un teatro, El Universal.

  ◆ No, yo busco el teatro Planeta. ¿Sabes dónde .... ?

  ◆ Ah, sí. .... enfrente del Universal.

2. a. [G] Look at the map below. Then read the answers on the left and write the questions using the correct indefinite pronouns (*algún, alguno(s)/a(s), ningún, ninguno(s)/a(s)*).

1. ◆ ¿Hay algún hospital por aquí? ....

  ◆ Sí, hay uno.

2. ◆ ....

  ◆ Sí, hay dos.

3. ◆ ....

  ◆ Sí, hay uno al final de esta calle.

4. ◆ ....

  ◆ No, no hay ninguno.

5. ◆ ....

  ◆ No, no hay ninguna.

6. ◆ ....

  ◆ No sé, lo siento, no soy de aquí.

b. [C] In pairs, read your instructions and role-play with a classmate. Then swap roles.

Alumno A	Alumno B
Vas a situar en el plano del apartado anterior estos establecimientos y servicios públicos. Tu compañero te va a preguntar sobre su situación, pero solo le puedes responder *sí* o *no*.	Mira el plano del apartado anterior y haz preguntas a tu compañero para saber dónde están estos establecimientos y servicios públicos. Él solo puede responder *sí* o *no*.
una farmacia una parada de metro un museo un banco	una farmacia una parada de metro un museo un banco
◆ ¿El banco está cerca del hospital? ◆ No.	◆ ¿El museo está cerca de la parada de autobús? ◆ No.

3. a. Read this article on El Raval, a neighbourhood in Barcelona. Which of the three options below best summarises the text?

☐ El texto trata sobre los cambios que ha experimentado el barrio del Raval.

☐ El texto trata sobre El Raval, un barrio de nueva construcción.

☐ El texto trata sobre el problema de la vivienda en Barcelona.

El centro alternativo de Barcelona
La plaza del MACBA y sus alrededores, una zona multicultural que sube

(…) El Raval, antes conflictivo gueto, es ahora un ejemplo de convivencia y pluralidad. Siguiendo las agujas del reloj y partiendo desde el insigne Museo de Arte Contemporáneo (**MACBA**), encontramos una inmensa área universitaria en construcción, una escuela de primaria, un convento rehabilitado y una zona de terrazas muy de moda presidida por un mural de Chillida.

Una buena manera de entrar en calor es empezar el paseo entrando, desde las Ramblas, por la calle de Tallers, llena de tiendas de discos. Otra entrada es la que ofrece el bullicioso **Mercado de la Boquería**. En su interior, dos bares muy antiguos donde llenar el estómago: el **Quim** y, sobre todo, el **Pinotxo**. Desde primera hora sus desayunos son devorados por trabajadores y noctámbulos a punto de acostarse. (…)

Con la plaza Real llena de turistas y el barrio del Borne convertido en zona de ocio, El Raval toma el relevo como corazón de la Barcelona alternativa, multirracial e integradora, preservando su espíritu de barrio gracias a organizaciones como la Fundació Tot Raval. Sin olvidar las acciones municipales desde los ochenta. Y lo que aún falta: la nueva Filmoteca, el Conservatorio del Liceo o un bloque de viviendas solo para la tercera edad. Así de vital es lo que antes se conocía como el barrio chino, uno de los centros históricos peninsulares más degradados.

© El País, S. L./Jaume Salas

b. Look at the list below. According to the text, what can we find today in El Raval?

☐ Un colegio
☐ Una universidad
☐ Un museo de arte contemporáneo
☐ Un conservatorio
☐ Un convento
☐ Un lugar de residencia para los mayores
☐ Un espacio con bares y zonas donde tomar algo al aire libre
☐ Un hospital
☐ Muchas tiendas de discos
☐ Un mercado con dos bares muy conocidos

c. Do you think El Raval is a good place to live? Why? Discuss with your classmates.

◆ Yo creo que es un buen barrio porque tiene muchos servicios, ¿no?
◆ Sí, tienes razón, pero yo creo que hay demasiado ruido.

d. Is the place where you live a good neighbourhood? Why? Write about it in your notebook.

4. a. ㊸ You will hear an interview in the street. What do these people say about their neighbourhoods?

	Persona 1 Vive en el casco antiguo	Persona 2 Vive en el Barrio Blanco
Es...	animado	
Está...		
Tiene/Hay...		
No tiene/hay...		

b. ㊸ G Listen again and write four sentences comparing the two neighbourhoods.
You may use the structures *más/menos... que, mejor/peor... que* and *tan/tanto/a/os/as... como.*

En el casco antiguo hay más ruido que en el Barrio Blanco.

_____

_____

_____

_____

5. V Look at these drawings and correct the sentences if necessary.

Hay calor.

Es nublado.

Hace buen tiempo.

1. _____

2. _____

3. _____

Hace tormenta.

Hace sol.

Llueve.

4. _____

5. _____

6. _____

6. ㊹ V You will hear a radio weather report.
Listen and put the weather symbols in the correct place on the map.

7. [G] Complete the crossword using the correct form of the gerund of the following verbs.

HORIZONTALES:
1. Pasear
2. Decir
3. Ver

VERTICALES:
4. Dormir
5. Ir
6. Pedir

8. [G] Look at these two drawings. Can you spot the four differences? Write them down using the structure *estar* + gerund.

1. En el dibujo de la derecha, la mujer está...
2.
3.
4.

9. a. [G] Look at these pictures; they were taken at exactly the same time in different parts of the world. What are these people doing?

La Paz, 8.30 h.

Pekín, 20.30 h.

En La Paz están _____

En Bilbao están _____

En Pekín _____

En Melbourne _____

Bilbao, 13.30 h.

Melbourne, 22.30 h.

b. Choose one of the pictures and describe it in your notebook: explain what the people in the picture are doing, what they look like, where they are, etc.

10. a. ㊺ You will hear three conversations. What form of address do they use, *tú* or *usted*? Tick the correct option.

1. Tú ☐   2. Tú ☐   3. Tú ☐

    Usted ☐   Usted ☐   Usted ☐

b. ㊺ Listen to the first conversation again. Can you draw the way on the map?

Supermercado

Estás aquí

11. [G] Rewrite the conversation below using the imperative (*usted*).

♦ Perdona, ¿sabes dónde hay una oficina de Correos por aquí?

♦ Sí, es muy fácil. Mira, sigue todo recto, coge la primera a la izquierda, crúzala y después del semáforo, gira la segunda a la derecha.

♦ Muchas gracias.

♦ De nada.

♦ _____, ¿sabe dónde hay una oficina de Correos por aquí?

♦ Sí, es muy fácil. Mire, _____ todo recto, _____ la primera a la izquierda, _____ y después del semáforo, _____ la segunda a la derecha.

♦ Muchas gracias.

♦ De nada.

12. [V] Read the leaflet below and write out the figures.

¡La CCAC (Ciudadanos Anticontaminación) lucha por una ciudad sana!

En 1996 los índices de contaminación del aire alcanzaron niveles preocupantes en nuestra ciudad. Desde entonces, estos niveles han ido subiendo progresivamente. En 2005 la capital tiene 3 155 359 habitantes y aproximadamente 1 500 000 coches. Nuestro objetivo es convencer a 200 personas cada día para utilizar el transporte público. Eso significa que cada semana alrededor de 1400 personas pueden cambiar sus hábitos para contribuir al cuidado del medio ambiente.

Tú también puedes ayudarnos. Porque, entre todos, podemos hacer de esta ciudad una ciudad más sana y más ecológica.

Si quieres unirte a nosotros, puedes informarte en:

www.CCAC.org

13. a. P In Spanish, words have at least one syllable. Look at this list of words. Do you know how many syllables they have? Put them into the correct column.

1 sílaba (monosílabas)	2 sílabas (bisílabas)	3 sílabas (trisílabas)	4 o más sílabas (polisílabas)

1. calor
2. abril
3. este
4. sur
5. octubre

6. tormenta
7. sol
8. tiempo
9. atmosférico
10. primavera

b. 46 P Listen and check your answers.

14. a. P Read the rule on how syllables are formed in Spanish and fill in the blanks using these examples.

despejado   octubre   calor   febrero   otoño   este   tormenta   primavera

Types of syllables in Spanish

In Spanish, all syllables have a vowel. Syllables can end with a vowel or a consonant. The most frequent combinations are the following:

■ consonant + vowel (for example, *ca*sa, _____ , _____).

■ consonant + vowel + consonant (for example, *can*tar, _____ , _____).

■ consonant + consonant + vowel (for example, *re*gla, _____ , _____).

■ vowel + consonant (for example, *al*to, _____ , _____).

b. 47 P Listen and split the following words into syllables.

1. hospital: hos-pi-tal _____
2. parque: _____
3. semáforo: _____
4. parada: _____

5. supermercado: _____
6. banco: _____
7. verano: _____
8. cine: _____

Now I know how to...

	☺	☺	☹
■ ask about places			
■ ask for and understand directions			
■ describe a town or a neighbourhood in a simple way			
■ compare places			
■ give an opinion and justify it			
■ agree or disagree with someone else			
■ give and understand simple information about the weather			

Self-assessment

1.

Read the postcard below and fill in the blanks using the words in the box.
Put capital letters where necessary.

a   es *(3 veces)*   está *(5 veces)*

hace *(2 veces)*   hay *(2 veces)*   llueve

más   que   tanta

tanto   como *(2 veces)*

¡Hola, Joseph!

¿Cómo estás? Yo, muy contenta. Ya sabes que ahora vivo en Bilbao.
_____ una ciudad que _____ al norte de España.
Allí _____ el Museo Guggenheim, donde _____ muchas
y muy interesantes exposiciones. Seguro que lo conoces. _____
también una ría, que _____ una entrada del mar en la ciudad.

Muy cerca, _____ unos 80 kilómetros, _____
San Sebastián. _____ una ciudad _____ pequeña
_____ Bilbao. _____ más cerca del mar y no tiene
_____ contaminación _____ Bilbao, porque no
es tan industrial.

En Bilbao no _____ mucho frío, pero no _____
_____ calor _____ en el Mediterráneo.
_____ y _____ nublado muchas veces,
pero… ¡a mí me gusta mucho! A ver si vienes a visitarme pronto.

Un beso,

Eva

Joseph Wilson

19 Anglesea Street

Dublin (Ireland)

2.

Tick the correct option.

1. Perdone, ¿sabe dónde hay una librería?
   a. No, coge la primera a la izquierda.
   b. Sí, coja la primera a la izquierda.
   c. No hay.

2. ¿Hay algún restaurante por aquí?
   a. No, hay ninguno.
   b. No, no hay ninguno.
   c. No, no hay ningún.

3. ¿Qué tiempo hace?
   a. Hay calor.
   b. Hace calor.
   c. Está caliente.

4. ¿Cuánto cuesta ese apartamento?
   a. Tres cientos cincuenta mil euros.
   b. Cientos mil euros.
   c. Doscientos mil euros.

5. ¿Dónde está Juan?
   a. En su cuarto. Está hablando por teléfono.
   b. En su cuarto. Está habliando por teléfono.
   c. En su cuarto. Está habliendo por teléfono.

6. ¿Te gusta tu nuevo barrio?
   a. Sí, mucho, tiene un montón de comercios y zonas verdes.
   b. Sí, mucho, es comercios y zonas verdes.
   c. Sí, mucho, está con comercios y zonas verdes.

n this unit you will work on:

1. a. $\boxed{V}$ Read the list of words below. Which of these actions are not in the pictures?

☐ levantarse

☐ desayunar

☐ utilizar el ordenador

☐ escuchar música

☐ leer (una novela, el periódico, una revista...)

☐ conducir

☐ maquillarse

☐ afeitarse

☐ hacer deporte

☐ ir de compras

☐ hacer la compra

☐ dormir la siesta

☐ poner la lavadora

☐ planchar

☐ ver la televisión

☐ cenar

☐ acostarse

☐ cocinar

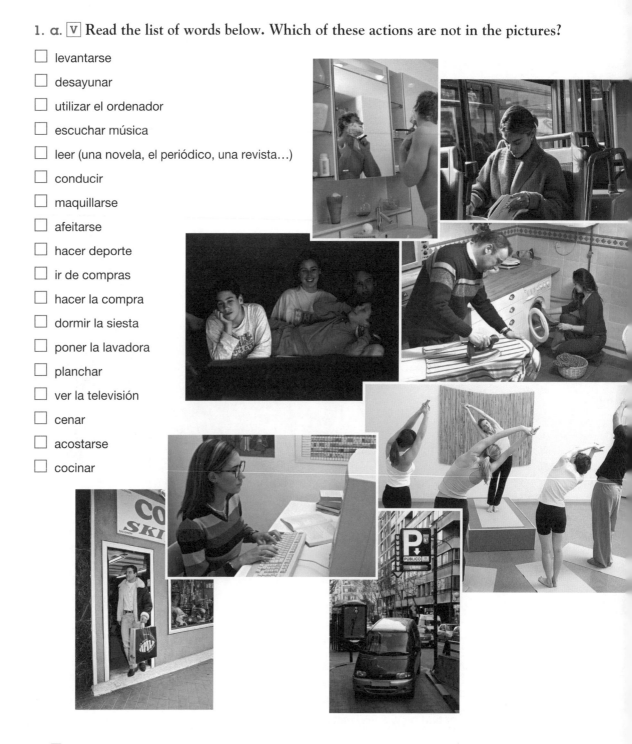

b. $\boxed{C}$ Read the list again. Is there anything in the list that you never do? Ask your partner. Do you have similar ideas?

◆ Yo nunca duermo la siesta. ¿Y tú?

◆ Yo tampoco.

c. $\boxed{C}$ Now tell the rest of the class the things you have in common. Is there anything that nobody does?

◆ Nosotros nunca dormimos la siesta. ¿Y vosotros?

◆ No, nosotros tampoco.

◆ Pues yo sí, los fines de semana.

2. a. 48 V You will hear a conversation between Carlos and Rosa discussing what they do on Sundays. Listen and tick what they do.

☐ desayunar en casa   ☐ escuchar música   ☐ ver la televisión
☐ levantarse tarde   ☐ ir al cine   ☐ ir de compras
☐ ver una exposición   ☐ acostarse pronto   ☐ dormir la siesta
☐ comer con la familia   ☐ hacer deporte   ☐ cocinar
☐ hacer la compra   ☐ trabajar en el jardín   ☐ desayunar en un bar
☐ nadar   ☐ jugar al tenis   ☐ montar en bicicleta

b. 48 Listen again to the conversation. Can you tell who says the following statements, Rosa, Carlos or both?

	Carlos	Rosa
1. Normalmente se levanta más tarde que durante la semana.	☐	☐
2. Desayuna fuera de casa.	☐	☐
3. Va a montar en bicicleta.	☐	☐
4. Por la tarde va a nadar.	☐	☐
5. A veces come con sus suegros.	☐	☐
6. Algunas veces va a ver una exposición.	☐	☐
7. A veces sale con unos amigos.	☐	☐
8. Suele leer el periódico.	☐	☐
9. Ve un rato la tele.	☐	☐
10. Se acuesta antes de las doce.	☐	☐

c. ◁ What are your weekends like? What do you usually do? Who do you have more things in common with, Rosa or Carlos? Write down your ideas.

Coincido más con _____, porque _____

_____

_____

_____

_____

3. V Where would you normally do these things? There may be more than one option.

1. Ver una exposición:
☐ en un museo   ☐ en un teatro   ☐ en una galería de arte   ☐ en un supermercado

2. Escuchar un concierto:
☐ en un centro comercial   ☐ en un hospital   ☐ en una plaza de toros   ☐ en un teatro

3. Ver un partido de fútbol, de baloncesto, etc.:
☐ en un polideportivo   ☐ en un cine   ☐ en un estadio   ☐ en un museo

4. Ir de compras:
☐ en un centro comercial   ☐ en un parque   ☐ en un gran almacén   ☐ en un museo

5. Hacer senderismo:
☐ en una galería de arte   ☐ en la calle   ☐ en el campo   ☐ en un parque

4. [G] Fill in the blanks using the correct form of the verbs *ser* or *estar*.

1. La reunión _____ en la sala de profesores a las once.

2. La fiesta _____ en casa de Ali. Si quieres, podemos ir juntos.

3. El Jardín Botánico _____ al lado del Museo del Prado, ¿verdad?

4. ¿Cuándo _____ el concierto, hoy o mañana?

5. ¿La sala Capitol _____ cerca de la calle Alcalá?

6. La librería Cervantes _____ en la calle Mayor.

5. a. [📖] [Cs] Here are some traditional festivities in Spanish-speaking countries. Do you know any of them? Match each picture with the correct text.

Día de Difuntos (México).

Carnaval de Tenerife (España).

Feria del Caballo de Jerez (España)

Las Fallas de Valencia (España).

Carnaval de Oruro (Bolivia).

1. Es una fiesta de Interés Turístico Internacional basada en la construcción de grandes figuras que representan escenas y personajes que, en muchos casos, dan una visión satírica de la actualidad. Estas figuras se exponen por las calles y se queman la noche del 19 de marzo (el día de San José), en la llamada *cremà* (la quema). También se celebran varias *mascletás*, que son espectáculos de petardos y fuegos artificiales.

2. Miles de personas salen a la calle cada año durante más de una semana para ver este desfile compuesto por multitud de agrupaciones musicales y grupos de disfraces, con los que miles de personas bailan al son de ritmos caribeños y de moda.

3. Esta fiesta tiene su origen en las reuniones de ganaderos para el comercio equino. Actualmente la gente se reúne para bailar y comer algo en las casetas que se montan, que compiten en un concurso a la mejor tapa y a la mejor decoración. Durante toda la semana, desfilan caballos con sus jinetes por la feria. Mucha gente lleva el típico traje corto o el traje de gitana.

4. Entre el 1 y el 2 de noviembre tiene lugar esta celebración en honor a los muertos. Es de carácter alegre, porque se celebra la vida. Muchas familias limpian y decoran las tumbas de sus seres queridos con flores y velas. En muchas casas se instalan altares con ofrendas, que pueden ser distintos objetos y comida. Uno de los símbolos más conocidos son las calaveras de azúcar, que se comen con familiares y amigos.

5. Esta fiesta se celebra en honor a la Virgen del Socavón. Coincide con las fiestas del Carnaval. Se bailan varias danzas folclóricas; la más conocida es la Diablada, que es un baile tradicional boliviano que representa la lucha entre el bien y el mal. Hoy día existe en varios países de Hispanoamérica.

b. 🔊 Which of these festivities would you like to go to? Why? Write your answer in your notebook

Me gustaría ir a las Fallas porque me gustan mucho los fuegos artificiales.

6. G Read the following sentences and underline the correct form of the pronoun.

1. **Me/Te/Le** encanta la música clásica y **me/te/le** gustaría ir al próximo concierto del Auditorio. ¿A ti **me/te/le** apetece venir conmigo?

2. A mis compañeros de clase no **nos/os/les** apetece ir al Café Berlín para escuchar una actuación de *jazz*. ¿**Nos/Os/Les** apetece venir a vosotros?

3. Si a Carlos **te/le/nos** gusta la verdura o el arroz, podemos ir a cenar a un restaurante vegetariano.

4. A mí **te/nos/me** encantan el tango y el flamenco, pero a mi novio no **te/le/me** gustan nada.

5. Y a vosotros, ¿qué **nos/os/les** apetece: comida italiana o asiática?

6. ¿A ti **me/te/le** gusta cocinar, Paul?

7. G Match the sentence beginnings with the correct endings.

1. Si vamos a ir al cine,…

2. Si no quieres encontrar tráfico en la carretera,…

3. Si compramos un ordenador portátil,…

4. Si te apetece venir a Madrid,…

5. Si termino tarde,…

a. … tienes que levantarte temprano y salir pronto.

b. … tenemos que mirar la cartelera.

c. … puedes quedarte en mi casa, no hay problema.

d. … podemos usarlo los dos, así ahorramos algo de dinero.

e. … te llamo por teléfono para avisarte.

8. C Choose the correct questions to these answers. There may be more than one option.

1. ◆ --
   ◆ En la entrada de la estación. ¿Te parece bien?
   ◆ Sí, muy bien, allí estaré.

2. ◆ --
   ◆ Pues a las cinco o cinco y media, más o menos.
   ◆ Mejor a las cinco y media.

3. ◆ --
   ◆ El sábado, ¿vale? Es que el viernes ya tengo planes.
   ◆ Perfecto. Entonces, hasta el sábado.

4. ◆ --
   ◆ No sé, tengo que hablar con Marisa. Mira, te llamo mañana y lo pensamos, ¿de acuerdo?
   ◆ Vale.

¿Cuándo quedamos?
¿Dónde quedamos?
¿A qué hora quedamos?
¿Qué día quedamos?
¿Cómo quedamos?

9. C What would you answer to these questions? You can accept the suggestions, reject them or make new ones.

1. Unos amigos: «¿Te apetece ir a tomar unas tapas el domingo por la mañana?»

   ----

2. Tus compañeros de piso: «¿Hacemos una fiesta en casa el sábado por la noche?»

   ----

3. Un compañero de clase: «Hay una exposición de artesanía latinoamericana en el centro. ¿Te apetece ir a verla esta tarde o mañana?»

   ----

4. Un amigo: «Tengo dos entradas para ir a ver el Ballet Nacional de Cuba el sábado por la noche. ¿Quieres acompañarme?»

   ----

10. a. [C] Read the following phone conversations. Put the sentences in order.

1.

☐ ◆ Muy bien, yo se lo digo.

☐ ◆ Gracias.

☐ ◆ En este momento no se puede poner. ¿Quiere dejarle un mensaje?

[1] ◆ Buenos días. ¿El señor Calvo, por favor?

☐ ◆ Sí, por favor, dígale que ha llamado Ángeles Ruiz, de Comersa.

2.

☐ ◆ ¿Para cuándo?

☐ ◆ Buenos días. Quería reservar una mesa para dos personas.

☐ ◆ Para el sábado a las nueve y media.

☐ ◆ Restaurante Zarauz, ¿dígame?

☐ ◆ Inmaculada Pelayo.

☐ ◆ De acuerdo. Queda reservada.

☐ ◆ Muchas gracias.

☐ ◆ ¿A qué nombre?

3.

☐ ◆ ¿El día tres de abril a las cuatro de la tarde le viene bien?

☐ ◆ Sí, Eugenia Carrión.

☐ ◆ Consulta del doctor Leal. ¿Dígame?

☐ ◆ Sí, perfecto. El día tres a las cuatro de la tarde.

☐ ◆ A usted, buenas tardes.

☐ ◆ Buenas tardes. Quería pedir hora con el doctor.

☐ ◆ ¿Me dice su nombre, por favor?

☐ ◆ Muchas gracias.

4.

☐ ◆ No, se ha equivocado.

☐ ◆ ¡Ah! Perdone.

☐ ◆ ¿Está Isabel?

☐ ◆ Nada, nada.

☐ ◆ ¿Dígame?

5.

☐ ◆ ¿Sí?

☐ ◆ ¿Puede decirle que la ha llamado Alberto?

☐ ◆ Hola. ¿Está Begoña, por favor?

☐ ◆ Sí, sí, yo se lo digo.

☐ ◆ No, Begoña no está, ha salido.

☐ ◆ Por favor, ¿está Cristina?

☐ ◆ Un momento, ahora se pone.

☐ ◆ ¿De parte de quién?

☐ ◆ Gracias.

☐ ◆ De Luis.

☐ ◆ ¿Diga?

b. 49 Listen and check your answers.

11. [C] Match the sentence beginnings with the correct endings.

1. Hola, buenos días, quería pedir hora…

2. Por favor, quería pedir información…

3. Por favor, quería reservar una mesa…

4. Por favor, quería preguntar…

a. … para cuatro personas, para esta noche a las nueve.

b. … si tienen una habitación libre para el próximo sábado.

c. … para la consulta de la doctora Carrión.

d. … sobre el horario de trenes a Segovia.

12. [G] Read the list below. Choose four things to do and write when you are going to do them.

- llamar por teléfono a tu familia
- ir al cine
- salir de compras
- ir al dentista
- hacer un viaje
- leer una novela
- ir a un concierto
- quedar con tus amigos
- cortarte el pelo
- preparar una cena especial

Voy a llamar por teléfono a mis padres este fin de semana.

13. a. [P] All Spanish words have a stressed syllable, which is pronounced more strongly than the rest (weak syllables). Look at these words and read them out loud. Which is the stressed syllable? Underline it.

1. lunes
2. escritor
3. planta
4. mapa
5. tranquilo

6. cocina
7. sábado
8. libro
9. botella
10. amigo

b. (50) [P] Listen and check your answers.

14. a. [P] Spanish syllables always have a vowel but, sometimes, there are two or more vowels together. Read the rule below and fill in the blanks with the examples from the box.

mu-se-o   via-je   ciu-dad   dí-a   trein-ta   rí-o

Diphthongs, triphthongs and hiatuses

■ A **diphthong/diptongo** is the combination of two vowels forming one single syllable. There are fourteen possible combinations: *ia, ie, io, iu, ua, ue, ui, uo, ai, ei, oi, au, eu, ou*.
For example, *cau-sa, buen, rui-do*, _____, _____, _____ .

■ When there are three vowels forming one single syllable we have a **triphthong/triptongo**.
For example, *cam-biáis*.

■ A **hiatus/hiato** is the separate pronunciation of two adjacent vowels, forming two separate syllables.
For example, *pa-e-lla, a-hí, cre-er*, _____, _____, _____ .

b. (51) [P] Listen and split the following words into syllables.

1. puerta: *puer-ta*
2. poeta: _____
3. caer: _____
4. invierno: _____
5. ahora: _____

6. cien: _____
7. teatro: _____
8. euro: _____
9. Suiza: _____
10. real: _____

11. aire: _____
12. reina: _____
13. veinte: _____
14. estudiáis: _____
15. agua: _____

Now I know how to...

	☺	😐	☹
■ talk about the daily routine			
■ talk about cultural and spare time activities			
■ react to suggestions enthusiastically, with indifference or with disappointment			
■ talk about likes, dislikes and wishes			
■ talk on the phone: answer the phone, ask for someone, etc.			
■ arrange to meet someone			
■ talk about plans and projects			

Self-assessment

Read the email Wilma is sending her friends.
Then tick the correct option.

1. En el texto, Wilma dice que...
   a. a los españoles les gusta invitar a sus amigos a cenar en casa.
   b. a los españoles les encanta salir.
   c. a los españoles les encanta quedarse en casa.

2. Comparados con los de otros países, los horarios en España son diferentes porque...
   a. la gente come, cena y se acuesta más tarde.
   b. los horarios de los restaurantes son distintos.
   c. la gente come pronto.

3. A Wilma, en general, la ciudad en la que está...
   a. le gusta.
   b. no le gusta.
   c. le parece aburrida.

4. A Wilma no le gusta nada...
   a. conducir por la ciudad.
   b. el ruido de la ciudad.
   c. ir en bicicleta por la ciudad.

De	wilma
Para	tom; eva; ivan; clara; gemma
Asunto	¡Hola!

¡Hola, chicos!

¿Qué tal? Yo estoy muy contenta. Después de dos meses en España, ya puedo contaros algo de este país y su cultura... La vida aquí es diferente en algunas cosas, pero creo que os gustaría mucho. Por ejemplo, en la calle siempre hay gente. A los españoles les encanta salir fuera a comer, a cenar, a tomar tapas, a pasear...

Si lo comparo con nuestras costumbres, aquí todo se hace tarde: desayunar, cenar, acostarse... Con mis compañeros de piso como entre las dos y media y las tres. ¿Os imagináis? Y, por ejemplo, puedes ir a cenar a un restaurante a las diez y media o las once de la noche, porque cierran bastante tarde.

Algo que me llama la atención es que aquí la gente usa mucho el coche. Hay metro y autobús para moverse por la ciudad, pero no los usa todo el mundo. No lo entiendo, la verdad. Como normalmente hace buen tiempo, yo prefiero ir en bicicleta o dar un paseo. De todas formas, tengo suerte, porque la escuela está bastante cerca de casa.

Una cosa que no me gusta nada es el ruido. Aquí hay bastante ruido: ruido de coches, música, la televisión en los bares... Y la gente habla muy alto. Bueno, no siempre, pero a veces me sorprende un poco.

Hablando de bares, en la calle hay muchos; y también restaurantes, cafeterías y mesones. Normalmente la comida es muy rica. Lo que más me gusta es la tortilla de patata, las croquetas y el jamón ibérico. ¡Tenéis que probarlo!

Como esta es una ciudad muy animada, todos los fines de semana hay algo que hacer: hay conciertos, exposiciones, obras de teatro... Y hay muchas cosas que ver: el centro histórico, los museos de pintura, la plaza mayor... Tenéis que venir a visitarme, os va a encantar. Si queréis venir en abril, tengo sitio en casa. ¡Me gustaría muchísimo!

Escribidme pronto, os echo mucho de menos. Un abrazo para todos,

Wilma

¡Vamos a conocernos mejor! 9

In this unit you will work on:

■ Talking about personality:	1, 2
■ Talking about skills and abilities:	3, 4
■ Asking for a favour and offering help:	5, 6
■ Asking for and giving permission:	7
■ The present perfect tense:	8, 9, 10, 11
■ Vocabulary about feelings:	9
■ Combining direct and indirect object pronouns:	12
■ Intonation of statements, questions and exclamations:	13
■ The pronunciation of letters *y* and *ll*:	14

1. a. **V** These adjectives are used to describe personality. Are they positive or negative qualities? Put them in the correct column.

inteligente	puntual
triste	pesimista
desordenado	trabajador
impaciente	optimista
sociable	tímido
nervioso	vago
independiente	egoísta
generoso	ordenado
responsable	antipático

POSITIVOS	NEGATIVOS

b. **V** Write three qualities in your notebook that each of these people should have. You can use a dictionary.

Un compañero de piso	Un amigo	Tu pareja	Un compañero de trabajo	Tu jefe

c. **V** Now discuss your answers with your classmates. Do you agree?

2. a. **52** **V** You will hear three people calling the radio programme Onda Vital to talk about the personalities of their relatives and friends. Listen and fill in the blanks with the missing adjectives.

1. Mi novio es muy _____ . Es una persona muy _____
y bastante sociable. No es nada _____ .

2. Mi jefe se llama Enrique y es un hombre muy _____, muy inteligente, bastante
_____, comunicativo y muy ordenado, pero un poco _____ .

3. Miguel, mi hijo, es muy creativo, bastante _____, pero también es algo
_____ y un poco nervioso. Y es muy _____ .

b. **V** Look at these pictures and choose two. What are these people like? Write in your notebook.

RAÚL GONZÁLEZ

PENÉLOPE CRUZ

MIJAIL GORBACHOV

GLORIA ESTEFAN

c. **E** Does writing down the new words that you learn help you to remember them? Do you have other tricks? Discuss with your classmates.

3. a. (53) You will hear Clara and Miguel organising their wedding reception. Listen and seat the guests at the correct table.

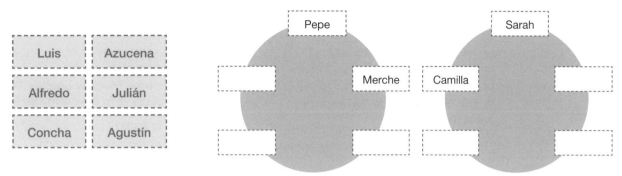

b. (53) Listen again and match the sentence beginnings with the correct endings. There may be more than one option.

1. Merche sabe…

2. Pepe sabe…

3. Luis no tiene…

4. Concha sabe…

5. Sarah y Camilla saben…

6. Sarah y Camilla no saben…

7. Alfredo, Julián y Agustín saben…

8. Alfredo, Julián y Agustín tienen…

a. … contar unos chistes muy buenos.

b. … sentido del humor.

c. … bailar muy bien.

d. … hablar muy bien español.

e. … hablar inglés.

f. … cocinar muy bien.

c. [C] You have been invited to Miguel and Clara's wedding. Where would you like to be seated, at Pepe and Merche's table or at Camila and Sarah's table? Why? Discuss with your partner.

◆ Yo preferiría sentarme en la mesa de Sarah y Camilla porque a mí también me gusta bailar.

◆ Pues yo preferiría la otra mesa, porque Pepe parece muy divertido. Además, no hablo inglés.

4. a. [V] Complete the sentences below with the appropriate form of *saber* or *tener*.

1. Rosa es una jefa estupenda, _____ mucha paciencia.

2. Voy a hacer un curso de cocina, porque no _____ cocinar y quiero aprender.

3. Para este trabajo tienes que _____ inglés.

4. Siempre me río con Germán, _____ mucho sentido del humor y _____ contar muy bien los chistes.

5. Mi madre _____ muy buena memoria. Siempre se acuerda del cumpleaños de toda la familia. ¡Y no se equivoca nunca!

6. Aurora, ¿_____ cómo se llama este actor? Es que ahora no me acuerdo.

b. [C] Think about your skills and hobbies and jot them down. Discuss with your classmates. Who do you have more things in common with?

■ Habilidades: _____

■ Aficiones: _____

5. a. [C] Read the following conversations and underline the correct option.

1. ◆ Disculpe, por favor, ¿puede ayudarme con la maleta?

   ◆ **Sí, claro./No, no puedo.**

2. ◆ ¿Puedes prestarme el diccionario un momento, por favor?

   ◆ Lo siento, pero es que ahora lo estoy utilizando.

   ◆ **Bueno, no pasa nada./No importa, me lo llevo.**

3. ◆ ¿Puede darme un folleto con las actividades del museo, por favor?

   ◆ **Sí, claro que puedo./Sí, por supuesto.**

4. ◆ Por favor, ¿puede darme un vaso de agua?

   ◆ **Sí, claro. Aquí tiene./No pasa nada.**

5. ◆ ¿Puedes dejarme un bolígrafo, por favor?

   ◆ Un momento, voy a ver si tengo otro. Sí, mira, tengo este, pero es rojo.

   ◆ **No importa. Muchas gracias. Después de la clase te lo devuelvo./No lo quiero.**

6. ◆ ¿Qué te pasa?

   ◆ Es que tengo mucho trabajo.

   ◆ **¿Te ayudo?/¿Puedes ayudarme?**

   ◆ Ay, sí, muchas gracias.

b. 54 Listen and check your answers.

6. [G] You and your flatmate have had a party in your flat. Now you have lots of things to do. He has had to leave town urgently and has left you this list. Read it and fill in the blanks using the words in the box.

Las ventanas están abiertas. Por favor, _ciérralas_.

Los platos y los vasos sucios están encima de la mesa de la cocina. Por favor, _____.

El ordenador está encendido. Por favor, _____.

El suelo está muy sucio. Por favor, _____.

La estantería del salón está muy desordenada. Por favor, _____.

La basura está en la cocina. Por favor, _____.

Las plantas están secas. Por favor, _____.

La lavadora está llena de ropa. Ya tiene el jabón. Por favor, _____ en marcha.

¡Muchas gracias!

Tom

~~ciérralas~~
ponla
sácala
ordénala
friégalo
riégalas
apágalo
lávalos

7. [G] Read these questions and complete the answers with the correct form of the direct object pronouns (*lo, la, los, las*).

1. ◆ ¿Puedo utilizar el ordenador un momento?

   ◆ Sí, claro. Utilíza_lo_.

2. ◆ ¿Me dejas hacer el crucigrama del periódico? Es que me encanta.

   ◆ Sí, claro. Haz_____ .

3. ◆ ¿Puedo bajar el volumen de la televisión? Es que me duele un poco la cabeza.

   ◆ Por supuesto, bája_____ .

4. ◆ ¿Puedo coger tus llaves?

   ◆ Claro, claro. Cóge_____ .

5. ◆ ¿Puedo llevarme estos discos para escucharlos en casa?

   ◆ Sí, sí. Llévate_____ .

6. ◆ ¿Puedo apagar la radio? Es que tengo que estudiar.

   ◆ Sí, sí, claro. Apága_____ .

8. (55) [G] You will hear eight sentences. Tick the correct person in each case.

	1	2	3	4	5	6	7	8
(yo)								
(tú)								
(él, ella, usted)								
(nosotros/as)								
(vosotros/as)								
(ellos/as, ustedes)								

9. a. [V] Tick the most logical ending.

1. Los niños se han dormido en el coche porque…

  a. han jugado mucho en el parque y están cansados.

  b. han jugado mucho en el parque y están contentos.

2. Clara está preocupada porque…

  a. su marido ha encontrado trabajo.

  b. su marido no se encuentra bien.

3. Bárbara no ha venido a clase de francés porque…

  a. le gusta bailar.

  b. ha ido al médico.

4. José Enrique está muy contento porque…

  a. se ha comprado un piso.

  b. ha perdido las llaves.

5. Claudia se ha despertado asustada porque…

  a. esta tarde ha visto una película de miedo.

  b. esta tarde ha escrito una historia muy divertida.

6. Estoy muy nerviosa porque…

  a. he tenido un accidente con el coche.

  b. he leído una novela muy interesante.

7. Luis y Matilde han hecho una cena especial porque…

  a. han invitado a unos amigos.

  b. unos amigos los han invitado.

8. Marisa está triste porque…

  a. le han puesto un examen el día de su cumpleaños.

  b. ha salido con sus amigos y se ha reído mucho.

b. [G] Read the sentences in activity 9. a. again. Find the present perfect forms and put them in the correct column below.

PRETÉRITO PERFECTO			
-ar	-er	-ir	con participio irregular
		han dormido	

10. [G] Complete this list using the present perfect tense.

1. Algo que has hecho hoy en clase de español: He hablado con mis compañeros de clase.

2. Algo que todavía no has hecho y quieres hacer: Todavía no he

3. Algo que has regalado a alguien este año:

4. Algo que ya has hecho esta semana:

11. a. G Do you know who they are? Write what each of them has done, following the example.

Gabriel
García
Márquez

Fernando
Alonso

Alejandro
Sanz

Margarita Salas

Chus Lago

- ser campeón mundial de Fórmula 1
- ganar el premio Nobel de la Paz
- publicar más de doscientos trabajos científicos
- vender más de veinte millones de discos en todo el mundo
- ganar el premio Nobel de Literatura
- ~~subir el Everest sin ayuda de oxígeno~~

Rigoberta
Menchú

- Chus Lago → *Ha subido el Everest sin ayuda de oxígeno.*
- Gabriel García Márquez → _____
- Alejandro Sanz → _____
- Fernando Alonso → _____
- Margarita Salas → _____
- Rigoberta Menchú → _____

b. 📖 Cs Read this text about a famous Spaniard. Do you know who it is?
Tick the correct option.

> Es español y baila flamenco. Ha actuado en países de todo el mundo, en lugares tan importantes como el Metropolitan Opera House de Nueva York. Ha creado su propia compañía de baile y ahora viaja por todo el mundo con sus espectáculos. Ha participado en varias películas, como *La flor de mi secreto*, de Pedro Almodóvar, o *Flamenco*, de Carlos Saura.

☐ Joaquín Cortés
☐ Plácido Domingo
☐ Paco de Lucía

c. ◁ Cs Now write a similar text about a current Spanish or Spanish-American celebrity, but do not mention their name. Exchange texts with a classmate. Can they guess who it is?

12. G Underline the correct option.

1. ◆ Mi coche no funciona. ¿Me dejas el tuyo?
   ◆ No, lo siento. No **a ti lo/lo te/te lo** puedo dejar. Es que esta tarde tengo que ir a hacer la compra.

2. ◆ Necesito un momento el diccionario. ¿**Me lo/Lo me/A mí lo** dejas, por favor?
   ◆ Sí, yo no lo necesito.

3. ◆ Perdone, en nuestra habitación no hay toallas.
   ◆ Ahora mismo **les las/los las/se las** suben.

4. ◆ Disculpe, no tenemos pan.
   ◆ ¡Ah! Perdón. Ahora **les lo/se lo/a ustedes lo** traigo.

13. a. 56 P You will hear three sentences. Listen and match them with the correct intonation.

| Enunciativa n.° ------- | Interrogativa n.° ------- | Exclamativa n.° ------- |

b. 57 P Listen and tick the correct option. Pay attention to the intonation.

1. a. ¡No estás nerviosa!
   b. ¿No estás nerviosa?
   c. No estás nerviosa.

2. a. ¡Habéis estado en Australia!
   b. ¿Habéis estado en Australia?
   c. Habéis estado en Australia.

3. a. ¡Nunca ha montado en avión!
   b. ¿Nunca ha montado en avión?
   c. Nunca ha montado en avión.

4. a. ¡Se ha casado cinco veces!
   b. ¿Se ha casado cinco veces?
   c. Se ha casado cinco veces.

5. a. ¡Han roto el aparato de música!
   b. ¿Han roto el aparato de música?
   c. Han roto el aparato de música.

6. a. ¡Estáis muy cansados!
   b. ¿Estáis muy cansados?
   c. Estáis muy cansados.

c. 58 O Listen and add the correct punctuation marks.

1. Sabe cocinar
2. No tienes sentido del humor
3. Han suspendido el examen
4. Es un chico muy tímido
5. Es muy simpático
6. Nunca has probado la comida japonesa
7. Todavía no habéis llamado a Julia
8. Son muy desordenados

14. 59 P Listen and repeat.

1. toalla
2. yate
3. medalla
4. yogur
5. paella
6. mayonesa
7. calle
8. apellido
9. mayúscula
10. ayuda
11. castillo
12. lleno

Pronunciación of y and ll

In many areas of Spain and America the letters y and ll are pronounced the same, like y. This is accepted and is known as **yeísmo**.

Now I know how to...

☺ ☺ ☹

- comment on someone's personality
- comment on someone's skills and abilities
- ask for and offer help
- make and accept an apology
- talk about recent experiences
- talk about my past experience
- express my feelings

Self-assessment

1.

60 Listen to a conversation between two friends and tick the correct option.

1. Emilia ha empezado…
   a. a ir al gimnasio.
   b. a aprender a nadar.
   c. a trabajar.

2. Emilia va al gimnasio…
   a. todos los días después de salir del trabajo.
   b. dos días a la semana, de ocho a nueve de la noche.
   c. dos días a la semana, de ocho a nueve de la mañana.

3. Emilia ha aprendido…
   a. a nadar.
   b. a hacer ejercicios de relajación.
   c. a utilizar aparatos de gimnasia.

4. A Marga le interesan las clases de natación…
   a. porque no sabe nadar.
   b. porque tiene problemas de espalda.
   c. porque quiere mejorar su estilo.

2.

Look at the following sentences. The word highlighted in bold is wrong. Choose the correct term from the column on the right.

1. ¿Has estado **nunca** en algún país de África?   *alguna vez*

2. No tires el periódico, que **ya** no lo he leído.

3. He conocido al hermano de Elena. **Tiene** muy simpático.

4. Lo siento, no **quiero** ayudarte ahora; pero si esperas cinco minutos, te ayudo.

5. Carlos **es** mucho miedo porque ha visto una película de terror.

6. ¿**Quiero** ayudarme a preparar la cena, por favor?

7. **Alguna vez no** he hecho *puenting*.

8. Sí, a Laura **se** he visto esta mañana en la biblioteca.

9. **Es** preocupada porque ha suspendido el examen.

10. ¿Las maletas? Sí, ya **le** las he entregado a los señores Rojo.

a. es
b. está
c. todavía
d. tiene
e. puedes
f. nunca
g. puedo
h. se
i. ~~alguna vez~~
j. la

In this unit you will work on:

■ Talking about the past:	1, 2, 3, 10
■ *Seguir* + gerund, *empezar a* + infinitive, *acabar de* + infinitive, *volver a* + infinitive:	4, 5
■ The preterite tense of regular and irregular verbs:	6, 7
■ Commenting on the past:	8, 9
■ The pronunciation of the third person of the preterite tense of verbs ending in *-ar*:	11
■ Punctuation: the colon and the ellipsis	12

1. a. [G] These famous people lived in the 20th century. Do you know why they are famous? Make sentences using elements from the columns below, following the example.

■ Pablo Neruda	ser	el primer hombre en pisar la Luna: el 20 de julio de 1969.
■ Marie Curie	descubrir	el premio Nobel de Literatura en 1971.
■ Walt Disney	ganar	las primeras minifaldas en los años 60.
■ Emiliano Zapata	escribir	muchas novelas policiacas y de intriga.
■ Mary Quant	diseñar	el radio, el único tratamiento para el cáncer durante mucho tiempo.
■ Pablo Picasso	ganar	en 1973, durante el golpe militar de Augusto Pinochet en Chile.
■ Neil Armstrong	crear	el *Guernica* en 1937.
■ Salvador Allende	morir	el personaje de Mickey Mouse en 1928.
■ Pedro Almodóvar	participar	en la Revolución Mexicana de 1911.
■ Agatha Christie	pintar	un Oscar en 2000 por *Todo sobre mi madre* y otro en 2003 por *Hable con ella*.

Pablo Neruda ganó el premio Nobel de Literatura en 1971.

_____

_____

_____

_____

_____

_____

_____

_____

_____

b. [Cs] Now think about another famous 20th century person and write a few sentences about them. Do not mention their name. Then read the sentences to your classmates. Do they know who the person is?

2. [V] Complete the captions below using the correct word from the box.

> Guerra Civil   golpe de Estado   democracia   dictadura   Revolución

Asalto al Congreso de los Diputados durante el intento de _____ _____ del teniente coronel Tejero, el 23 de febrero de 1981 en España.

Soldados portugueses durante la llamada _____ de los claveles, en 1974.

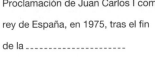

Proclamación de Juan Carlos I como rey de España, en 1975, tras el fin de la _____ del general Franco y la vuelta de la _____

Ruinas de Guernica, bombardeada durante la _____ española.

3. a. 📖 Do you know how the King and Queen of Spain met? Read the text below and decide if these statements are true (T) or false (F).

	T	F
1. Don Juan Carlos y doña Sofía se conocieron durante los Juegos Olímpicos de 1960.	☐	☐
2. En el crucero que organizó la reina Federica de Grecia en 1954, doña Sofía le afeitó el bigote a don Juan Carlos.	☐	☐
3. En 1961 volvieron a coincidir en la boda de los duques de Kent y compartieron muchos momentos: fueron al cine, bailaron…	☐	☐
4. Don Juan Carlos le preguntó a doña Sofía: «¿Quieres casarte conmigo?», durante un encuentro en Suiza.	☐	☐
5. El compromiso oficial se anunció en 1961.	☐	☐
6. Se casaron en Madrid un año después, en 1962.	☐	☐

Parejas reales: don Juan Carlos y doña Sofía

En el verano de 1954, la reina Federica de Grecia organizó un crucero a bordo del yate *Agamenón* para que ciento diez jóvenes, miembros de las casas reales europeas, pudieran conocerse. En ese barco se vieron por primera vez la princesa Sofía de Grecia, de quince años, y Juan Carlos de Borbón, de dieciséis.

La pareja real volvió a coincidir durante las pruebas de vela de la Olimpiada de 1960. Los reyes de Grecia organizaron una cena en su barco, *Polemistis*, atracado en el puerto de Nápoles. Doña Sofía resumiría aquel encuentro, muchos años después, para la periodista Pilar Urbano de la siguiente manera: «Con don Juan y doña María, vino también Juan Carlos. Llevaba bigote. Yo le dije. "No me gustas nada con ese horrible bigote." "Ah, ¿no?, pues ahora no sé cómo lo voy a poder arreglar." "¿No sabes cómo? Yo sí sé cómo. Ven conmigo." Lo llevé al cuarto de baño del barco. Le hice sentarse. Le puse una toalla por encima, como en las barberías. Cogí una maquinilla, le levanté la nariz y se lo afeité. Él… se dejó».

Doña Sofía y don Juan Carlos se encontraron de nuevo en la boda de los duques de Kent, el 8 de junio de 1961. Fueron al cine con el príncipe Constantino, asistieron y fueron pareja en el baile posterior a la cere-monia nupcial. «Fue en la boda de los duques de Kent donde por una vez el protocolo hizo bien las cosas, pues me asignó a Juan Carlos por caballero acompañante», diría años después la Reina. Ese mismo año, los reyes de Grecia se reunieron con los condes de Barcelona y sus hijos en Suiza, durante una visita oficial a ese país. «El Rey –lo ha dicho doña Sofía en numerosas ocasiones– jamás usó la pregunta: "¿Quieres casarte conmigo?", pero sí la sorprendió lanzando una caja al aire con un "¡Sofi, cógelo!" Yo, en ese momento, no le regalé nada. No me lo esperaba y no tenía nada preparado…».

«¿Recuerdas –dijo mirando a don Juan Carlos ante otros testigos– que, en Suiza, en casa de tu abuela, después de comer, entraste tú, me pusiste la pulsera y me dijiste: "Nos casamos, ¿eh?".» En 1961 se hizo público el compromiso y al año siguiente don Juan Carlos y doña Sofía se casaron en Atenas.

b. 📝 Think of a famous couple and write a few sentences in your notebook on how they met. You can use the questions below to help you. Then swap your sentences with your partner. Do you know which couple they have written about?

- ¿Cuándo y dónde se conocieron?
- ¿Se casaron? ¿Tuvieron hijos?
- ¿Estuvieron juntos toda su vida?
- ¿Cómo fue: los presentó alguien, coincidieron en algún lugar…?
- ¿Se divorciaron?
- ¿Se volvieron a casar después?

4. [V] Fill in the blanks in the following sentences using the prepositions *a* or *de*, where necessary.

1. Terminé _____ redactar el informe poco antes de la reunión.

2. ¿Cuándo empezaste _____ trabajar en esta empresa?

3. Mi hija empezó _____ ir a la piscina a los diez meses.

4. Yo empecé _____ jugar al tenis a los quince años y **seguí** _____ jugando hasta los veinticinco.

5. Creo que Vicente volvió _____ trabajar como profesor cuando terminó _____ redactar su tesis doctoral.

6. Mis abuelos compraron esta casa cuando se casaron y siguieron _____ viviendo en ella toda su vida.

7. Mi tía tuvo un accidente de coche muy grave y después nunca volvió _____ conducir.

8. Luis y Brigitte se divorciaron. Los dos volvieron _____ casarse con otras personas, pero siguieron _____ siendo muy buenos amigos.

5. [G] Complete these conversations with the appropriate form: *empezar a* + infinitive, *acabar de* + infinitive, *seguir* + gerund or *volver a* + infinitive.

1. ◆ Este año Carmen _____ estudiar y ahora no sabe qué hacer: trabajar, hacer un máster…
   ◆ Yo creo que debe _____ trabajar, es importante tener experiencia.

2. ◆ Y tú, María José, ¿dónde conociste a Pedro?
   ◆ En un curso de inglés que hice un verano. En septiembre _____ salir y dos años después nos casamos.

3. ◆ Miguel, Isabel y tú os conocisteis en un viaje, ¿no?
   ◆ Sí, en un viaje a Costa Rica. En el avión nos sentaron al lado. Estuvimos saliendo durante dos años, de esto hace ya casi diez años… Y _____ viviendo juntos.

4. ◆ ¿Ya tienes el carné de conducir?
   ◆ No, todavía no. _____ recibir clases prácticas hace un mes, pero _____ practicando. Creo que me examino el mes que viene.

5. ◆ ¿Sabes algo de Sol, Clara?
   ◆ Sí. Ya sabes que se separó de Rafael, ¿verdad?
   ◆ Sí, hace tres años, creo.
   ◆ Pues lo último que sé de ella es que conoció a otro chico y _____ casarse hace un año.

6. ◆ ¿Ya _____ usar el ordenador?
   ◆ No, todavía no. Voy a _____ trabajando un rato más. Te aviso cuando termine.

6. [E] In some verbs, the verb form of the first person plural (*nosotros/as*) is the same in the present and the preterite tenses. Read these sentences, look at the context and decide whether the verbs are referring to the present or the past.

1. a. A Cristina el día de su cumpleaños le **regalamos** unas flores que le encantaron. → _Pasado_

   b. ¿Por qué no le **regalamos** unas flores a tu madre? Le gustan mucho. → _Presente_

2. a. Ayer **salimos** muy tarde del médico y llegamos a casa a las ocho y media. → _____

   b. Normalmente **salimos** de casa a las ocho y llegamos al colegio sobre las ocho y media. → _____

3. a. Ahora **vivimos** aquí, en Madrid, a las afueras, en un barrio tranquilo. → _____

   b. **Vivimos** tres años en París, en el centro, en un barrio muy bueno. → _____

4. a. Hace un par de días **escribimos** un texto sobre Dalí, el pintor español. → _____

   b. En clase siempre **escribimos** y leemos textos en español. → _____

5. a. En este restaurante siempre **cenamos** muy bien. → _____

   b. **Cenamos** muy bien en el restaurante que nos recomendaste. → _____

6. a. **Llamamos** a Juan y a Cristina y los invitamos a cenar, ¿vale? → _____

   b. Al final, el sábado no **llamamos** a Carlos, así que nos quedamos en casa. → _____

7. G Complete the table below using the correct forms of the preterite tense of these irregular verbs.

	HACER	VENIR	QUERER	ESTAR	PODER	PONER	IR/SER
(yo)				estuve			fui
(tú)	hiciste					pusiste	
(él, ella, usted)		vino					
(nosotros/as)					pudimos		
(vosotros/as)							
(ellos/as, ustedes)			quisieron				

8. a. ⑥ You will hear several people talking about things they have done. Listen and decide whether they liked what they did or not.

1.
2.
3.
4.

b. C Now read the conversations and fill in the blanks using the correct words and sentences from the box. One is repeated four times. Use capital letters where necessary.

> fue una comida estupenda   no me gustó mucho   ¿Y qué tal?
> inolvidable   regular   fue un viaje horrible

1. ◆ A mí, este verano, me gustaría ir a Laponia.
   ◆ ¿A Laponia? María estuvo hace unos años.
   ◆ _____
   ◆ Fatal. Según me contó, _____
   _____: muy mal organizado.

2. ◆ Y vosotros, Lola, ¿dónde fuisteis de viaje de novios?
   ◆ Fuimos a Kenia.
   ◆ ¡A Kenia! _____
   ◆ Maravilloso. Fue un viaje _____.

3. ◆ El domingo estuvimos comiendo en Casa Vallecas.
   ◆ _____
   ◆ Muy bien. _____. Nos encantó.

4. ◆ ¿Has visto la exposición de la Fundación Arte?
   ◆ Sí, estuve hace un par de fines de semana.
   ◆ _____
   ◆ Uf, _____. Algunos cuadros me encantaron, pero, en general, _____.

c. ⑥ Listen again and check your answers.

9. a. G What did you do? Choose three moments from the past and write what you did then.

> el verano pasado   en Navidades   el fin de semana pasado   ayer por la tarde
> el día de tu cumpleaños   en Nochevieja   el primer día del curso

b. C Read what your partner has written and ask them questions about one of their experiences. Then recount the experience to the rest of the class and comment on whether it was good or bad. Does your partner agree with your assessment?

10. Here is an extract from the conversation that several readers have had with a famous football player in a sports newspaper's online forum. Match the questions with the correct answers underneath.

Preguntas de los lectores:

- ¿Qué partido recuerdas especialmente?

- ¿Cuándo fue la primera vez que jugaste con una pelota?

- ¿Cuál es el gol que más te emocionó marcar?

- ¿Cuánto tiempo estuviste jugando en Inglaterra?

- ¿Cuánto tiempo estuviste sin jugar el año pasado?

- ¿Desde cuándo eres capitán de la selección?
  ¿Te asusta la responsabilidad del cargo?

- ¿En qué año debutaste con el primer equipo del Fútbol Club?

-Conversación

Archivo   Edición   Acciones   Herramientas   Ayuda

Para:

CHAT el deportivo.com

P. --

R. A los dos años, mi abuelo me regaló mi primer balón. Un balón de reglamento, grandísimo y muy duro. Recuerdo que un día me hice mucho daño cuando quise darle una patada… Desde entonces todos mis recuerdos están unidos al fútbol.

P. --

R. Hay dos goles especiales para mí. Uno, el gol que metí el día que jugué mi primer partido como titular del Fútbol Club, y otro, el gol que metí el día que nació mi hijo Gabriel, casi en el mismo momento.

P. --

R. Desde hace cinco años. Y no, no me asusta la responsabilidad. La verdad es que todos los jugadores nos conocemos muy bien desde hace años, muchos jugamos juntos y hay un ambiente estupendo.

P. --

R. El partido en que gané mi primera Copa de Europa.

P. --

R. Ocho meses. Cuando volví a jugar, sentí… Es curioso, creo que sentí un poco de miedo. Fueron ocho meses duros, tuve muchos dolores y la recuperación fue lenta… Ahora, afortunadamente, estoy en plena forma.

P. --

R. En 1996, con 17 años. Fue un sueño.

P. --

R. Estuve una temporada. Fue una gran experiencia para mí.

11. a. 62 P Listen and repeat. Pay attention to the way the verbs in bold are pronounced.

1. **Llego** todos los días al trabajo sobre las ocho./Mi marido **llegó** ayer a casa a las nueve de la noche.

2. **Hablo** un poco de portugués./El otro día Miguel **habló** con su jefe.

3. Ana, mira, te **presento** a Cati, mi hermana./El sábado Cristina nos **presentó** a su novio.

4. Normalmente **ceno** muy poco: una ensalada y fruta./Ayer mi hija **cenó** mucho y luego no durmió bien.

5. A mi madre siempre le **llevo** unas flores./Marisa fue a ver a su tía y le **llevó** unas flores.

6. Ahora trabajo por la mañana y **estudio** por la tarde./Hugo **estudió** dos años en Londres.

b. 62 P Listen again and underline the stressed syllable in each of the verbs in activity 11. a.

c. P Read the following rule and circle the correct option.

Pronunciation of the preterite tense
In regular verbs ending in *-ar/-er/-ir*, the **first/second/third** person singular of the preterite tense is the same as the **first/second/third** person singular of the present tense, although the stress changes. The stressed syllable in the present tense is the **second last/last** syllable, but in the preterite the stressed syllable is the **second last/last** syllable and it has a written accent.

12. O Read the rules for the use of the colon and the ellipsis below. Choose the correct example from the column on the right.

Punctuation marks
We use the **colon/dos puntos**:
■ before a list. Example no: _____
■ at the beginning of a letter and other documents, after the salutation. Example no: _____
We use the **ellipsis/puntos suspensivos**:
■ at the end of an open list (equivalent to *etcétera*). Example no: _____
■ to indicate a pause expressing doubt, surprise, fear, etc. Examples no _____ and _____

1. Hay que hacer bastantes cosas: pasar por la tintorería, recoger el coche del taller e ir al supermercado.

2. En Toledo vimos la catedral, la sinagoga del Tránsito, Santo Tomé, la Casa-Museo de El Greco…

3. Llegó tarde a la reunión y vino… en zapatillas.

4. No sé… Podemos preparar una ensalada, y luego, embutidos y quesos, por ejemplo.

5. Querida Carmen: ¿Qué tal estás? Hace mucho que no te escribo.

Now I know how to...

	☺	😐	☹
■ give and receive information on past events			
■ comment on past actions and events			
■ talk about the most important moments in a person's life			
■ ask someone to repeat information to make sure I have understood it			
■ repeat information when someone has not understood me			

Self-assessment

Read the text below and underline the correct option.

ANTHONY QUINN

Antonio Quinn (1)_____ en México el 21 de abril de 1915. (2)_____ junto a sus padres a los Estados Unidos. A este actor no le faltó valor para acercarse a Hollywood, aunque la industria del cine estadounidense no era particularmente receptiva a los actores de origen hispano. Antes de conseguir los primeros papeles, (3)_____ como taxista, boxeador y camionero. (4)_____ su nombre por el de Anthony y empezó (5)_____ actuar como extra en varias películas. (6)_____ en *La vía láctea* y en *Buffalo Bill*, película dirigida por Cecil B. De Mille, el director que encaminó definitivamente la carrera estadounidense del joven mexicano. A estas películas siguieron otras tan conocidas como *Murieron con las botas puestas*, de Raoul Walsh; *¡Viva Zapata!*, de Elia Kazan; *La Strada*, de Federico Fellini; *El loco del pelo rojo*, de Minnelli; *Los cañones de Navarone*, de Jack Lee Thompson; y *Zorba el griego*, de Michael Cacoyannis.

Interpretó personajes mexicanos en *¡Viva Zapata!* o *Los hijos de Sánchez*, entre otras. (7)_____ a España para interpretar el papel de Auda Abu Tayi en *Lawrence de Arabia*. En 1982, Quinn se (8)_____ nuevamente a España para filmar *Valentina*, de Antonio Betancor, hermosa adaptación de la primera etapa de *Crónica del alba*, de Ramón J. Sender. Vivió entre Italia y Estados Unidos, pero (9)_____ participando con la cinematografía hispana: actuó junto a la española Aitana Sánchez Gijón en *Un paseo por las nubes*, del mexicano Alfonso Arau, y dio vida a un asombroso personaje en la teleserie *El camino de Santiago*, una producción de José López Rodero realizada a partir de un argumento del novelista Arturo Pérez Reverte.

En abril de 2000, el mexicano Anthony Quinn fue nombrado Hijo Predilecto de Chihuaha y Chihuahuense distinguido. A este acto le (10)_____ su esposa Katherine y dos de sus hijos. El actor encontró ese día un pretexto feliz para interrogarse acerca de sus raíces y proclamar su orgullo de estirpe, ya que es hijo de un mexicano, Francisco Quinn, y una mexicana, Manuela Oaxaca, que formó parte de las filas de Pancho Villa, alistada en la División del Norte durante la Revolución.

Quinn murió el 3 de junio de 2001, en Boston.

(Fuente: Guzmán M. Urrero Peña. Centro Virtual Cervantes. *Cinematografías de la semejanza.* http://cvc.cervantes.es/actcult/cine)

1. nació	vivió	estuvo
2. Vivió	Estuvo	Emigró
3. trabajó	hizo	actuó
4. Ha cambiado	Cambió	Trasladó
5. en	a	por
6. Seguí	Hizo	Participó
7. Viajo	Viajó	Estuvo
8. traslado	trasladó	estuvo
9. siguió	dejó de	empezó a
10. estuvieron	fueron	acompañaron

 You will hear four dialogues. Listen and tick the correct option.

1. Juana cree que la celebración fue...
- **a.** original.
- **b.** muy especial.
- **c.** divertida.

2. A María y a Julián, Praga les pareció una ciudad...
- **a.** aburrida.
- **b.** tranquila.
- **c.** muy bonita.

3. El fin de semana de Rosa fue...
- **a.** aburrido.
- **b.** especial.
- **c.** interesante.

4. La reunión fue...
- **a.** fácil.
- **b.** interesante.
- **c.** difícil y larga.

In this unit you will work on:

■ Indefinites:	1, 2
■ Saying when and how often you used to do things:	3
■ *Soler* + infinitive:	3
■ Talking about things you used to do in the past:	3, 4
■ The imperfect tense of the indicative:	3, 4, 5, 6, 7
■ The preterite tense:	6
■ Comparing the past and the present:	8, 9
■ Expressing cause and effect:	9
■ The pronunciation of the letter *ch*:	10
■ The spelling of the same word with or without the diacritic accent:	11

1. G Underline the correct indefinite.

    1. ◆ ¿**Alguien/Algo** ha visto **algo/alguna** película de Almodóvar?

        ◆ Yo he visto una, *Hable con ella*. Me gustó mucho.

    2. ◆ ¿Te apetece comer **algo/alguno**? Hay tortilla, empanada, queso…

        ◆ No, gracias, no me apetece **algo/nada**.

    3. ◆ Esta sala de cine está vacía… No hay **algo/nadie**… ¿Tú crees que la película está bien?

        ◆ No lo sé, pero lo vamos a ver enseguida…

    4. ◆ ¿Tienes **algún/alguno** disco de Alaska? Como tienes una colección tan buena…

        ◆ Creo que tengo **algunos/ninguno**, mañana te los traigo.

2. G Fill in the blanks with the correct word. There may be two correct answers.

| Ø |
| no |
| nada |
| nadie |
| nunca |

    1. No me apetece mucho ir a esa fiesta porque _____ conozco a _____ .

    2. _____ he estado _____ en Toledo. ¿Es una ciudad bonita?

    3. Mi hija está en esa edad difícil en la que piensa que _____ la comprende.

    4. _____ entiendo _____; he hecho un trabajo estupendo y mi jefe me ha pedido que lo repita.

    5. _____ veo _____ . ¿Puedes dar la luz, por favor?

    6. _____ voy al teatro, pero este fin de semana voy a ver una obra que me han recomendado.

3. a. G What did you use to do when you were younger? Complete the lists below.

Tres cosas que solías hacer durante las vacaciones:

  Solía _____

_____

_____

_____

_____

_____

_____

Tres cosas que hacías a veces y ya no haces:

  Antes solía _____

_____

_____

_____

_____

_____

_____

Tres cosas que no hacías nunca y ahora haces a veces:

  Antes nunca _____

_____

_____

_____

_____

_____

_____

Tres cosas que hacías siempre los fines de semana:

  Los fines de semana siempre _____

_____

_____

_____

_____

_____

_____

b. C Exchange your answers with your partner. Did you do the same things or different things? Is there anything that has surprised you? Discuss.

4. G Read the letter Anabel is writing to her friend Sara. Replace the infinitives in brackets with the appropriate form of the imperfect tense. Write one letter for each dash.

Hola, Sara:

¿Cómo estás? ¿Preparada para ir a estudiar la carrera a Granada? Es genial… vas a ver. Seguro que será una gran experiencia.

Cuando (ESTUDIAR, yo) e s t u d i a b a allí, (COMPARTIR, yo) _ _ _ _ _ _ _ _ _ piso con otras tres amigas. Es lo mejor, te lo recomiendo. (IR, nosotras) _ _ _ _ _ _ a clase juntas, (ESTUDIAR, nosotras) _ _ _ _ _ _ _ _ _ _ _ _ en la biblioteca… (HACER, nosotras) _ _ _ _ _ _ _ _ la comida y la compra, (LIMPIAR, nosotras) _ _ _ _ _ _ _ _ _ _ _ _ la casa entre todas pero también (DIVERTIRSE, nosotras) _ _ _ _ _ _ _ _ _ _ _ _ _ mucho. A menudo nos (VISITAR) _ _ _ _ _ _ _ _ _ muchos amigos y les (ENCANTAR) _ _ _ _ _ _ _ _ _ la ciudad. La verdad es que tengo muy buen recuerdo de aquella época… Espero que tú también te lo pases muy bien, ya me contarás.

Un beso,

Anabel

5. a. G Replace the infinitives in brackets with the appropriate form of the imperfect tense, in the third person singular or plural.

- (SER) .... Era .... verano.
- (ESTAR) _ _ _ _ _ _ _ _ _ contento.
- (IR) _ _ _ _ _ _ _ _ _ a la playa.
- (HABER) _ _ _ _ _ _ _ _ _ parejas enamoradas paseando por la orilla.

- Los niños (JUGAR) _ _ _ _ _ _ _ _ _ en la arena.
- La gente (TOMAR) _ _ _ _ _ _ _ _ _ el sol.
- (HACER) _ _ _ _ _ _ _ _ _ muy buen tiempo.
- (SER) _ _ _ _ _ _ _ _ _ un día precioso.

b. ◁▤ G This is the story of how José Antonio and Carmen met. Complete the story using some of the sentences in activity 5. a. You can also use your imagination!

Entonces la **vi** y **me enamoré** locamente de ella.

Un año después **nos fuimos** a vivir juntos a Madrid.

Ahora vivimos en Santander y tenemos dos niños preciosos.

6. a. G Read the following article about cinema director Pedro Almodóvar. Conjugate the verbs in brackets: replace those underlined with the preterite tense, and the rest with the imperfect tense.

VOLVER

Cualquier estreno de Pedro Almodóvar (Calzada de Calatrava, Ciudad Real, 1951) es un acontecimiento cultural y social que supera lo meramente cinematográfico. Con *Volver*, su nueva película, el hecho se acentúa, puesto que la mayoría de sus espectadores la considera como una de sus mejores películas.

«Hay un momento, entre los 40 y los 50 años, en que uno se detiene», explica Pedro Almodóvar. «Mira adelante y hacia atrás. A mí, este momento me ha llegado en la cincuentena. He vuelto la mirada hacia atrás, hacia mi infancia, y hacia delante, sobre el tiempo que me queda hasta la muerte. El resultado de ambas miradas son mis dos últimas películas. En las dos, de un modo u otro, recuerdo los primeros años de mi vida. Si eres narrador, la infancia es el primer tema al que uno suele recurrir. A mí nunca me tentó. No me (GUSTAR) -------------- mi infancia y no (TENER) -------------- interés en recordarla, y mucho menos en contarla. Hasta hace tres o cuatro años. Resultado de ello fue *La mala educación*. Y con mi nueva película he vuelto a los paisajes donde (<u>VIVIR</u>) -------------- los primeros años de mi vida: La Mancha».

Como en la mayoría de sus películas, hay una evidente fascinación por el mundo femenino y un tributo a su tenacidad y capacidad de lucha. Sobre ello explica el realizador: «(<u>CRIARSE</u>) -------------- entre mujeres: mis dos hermanas, mayores que yo, mi madre, mis tías, las vecinas, mi abuela... El universo femenino (SER) -------------- algo muy activo y muy barroco que (DESARROLLARSE) -------------- ante mis ojos de niño y nadie (PENSAR) -------------- que, a pesar de mi corta edad, yo (VER) -------------- y (OÍR) -------------- y que inconscientemente ya estaba tomando notas. A los hombres los recuerdo lejanos. Nunca (ESTAR) -------------- en casa, y el tiempo que no (TRABAJAR) -------------- lo (PASAR) -------------- en los bares. Además, los hombres (REPRESENTAR) -------------- la autoridad, y yo (<u>ALEJARSE</u>) -------------- instintivamente de ellos. Las mujeres, sin embargo, (SER) -------------- la vida y a la vez la ficción. Las (ESCUCHAR) -------------- contar historias alucinantes en el patio mientras (COSER) -------------- . Las (OÍR) -------------- cantar mientras (LAVAR) -------------- o (TENDER) -------------- la ropa en el río. Mi madre me llevaba con ella al río, y aquello para mí (SER) -------------- una fiesta. Este universo de madres, hijas y vecinas protagoniza *Volver*. Sus relaciones y su relación con la muerte son las bases de la trama».

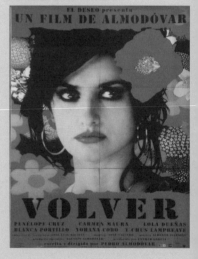

© El País, S. L./Ángel S. Harguindey

b. 📖 Read the text again and answer the following questions.

1. ¿Qué imagen tenía Almodóvar de las mujeres cuando era niño? ¿Positiva o negativa?

----

2. ¿Y de los hombres?

----

3. ¿Qué temas trata en la película *Volver*?

----

c. 📖 V Read the first paragraph again and find two expressions Almodóvar uses to talk about his childhood.

1. -- **2.** --

7. a. (64) You will hear an interview with Alejandro Panza, a singer with a long career who has gone through various phases. Listen and put the drawings below in chronological order.

n.º ....　　　　　　　n.º ....　　　　　　　n.º ....

b. (64) Listen again and match the sentence beginnings with the correct endings.

■ En la primera época…

■ En la segunda…

■ Actualmente…

... vestía siempre de negro.

... llevaba ropa de colores.

... tocaba la guitarra.

... cantaba en español.

... hacía música con letras divertidas.

... cantaba en inglés.

... llevaba el pelo corto.

... viste de negro.

... llevaba el pelo largo.

c. You are chatting online with your friend Sofía about music. Answer these questions.

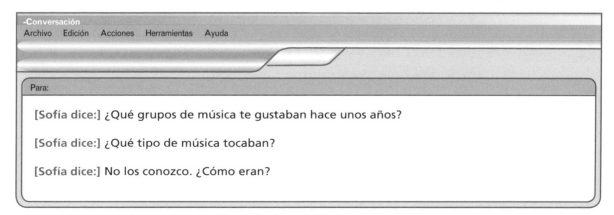

-Conversación
Archivo　Edición　Acciones　Herramientas　Ayuda

Para:

[Sofía dice:] ¿Qué grupos de música te gustaban hace unos años?

[Sofía dice:] ¿Qué tipo de música tocaban?

[Sofía dice:] No los conozco. ¿Cómo eran?

d. C Discuss with your classmates the kind of music you used to listen to when you were younger and the bands you liked. Do you know who your classmates' favourite bands were? Did you like the same music?

8. a. G What were you like ten years ago? Write notes. Here are some examples and ideas.

Tu aspecto físico:
Tenía el pelo largo.

Tu carácter:
Era muy tímida.

Tus gustos y aficiones:
Hacía mucho deporte.

Tu rutina y tus costumbres:
Salía todos los fines de semana con mis amigos.

Tus planes y tus sueños:
De mayor quería ser periodista.

b. Now put these ideas in order and write a few sentences describing what kind of person you were and whether you have changed a lot. You can use the expressions in the box.

Antes tenía/era/llevaba/estaba…   Ahora (no) tengo tan/tanto(s)/tanta(s)… como…   Soy/Estoy más/menos… que…

9. a. 65 Laura has a problem. Listen to her conversation with a friend and tick which of the statements below are correct.

1. Laura cree que Felipe y ella se van a separar. ☐
2. Laura dice que Felipe piensa demasiado en el trabajo. ☐
3. Los niños necesitan ahora menos cuidados que antes, porque ya son mayores. ☐
4. Laura trabaja más que antes y no tiene casi tiempo para su familia. ☐
5. De jóvenes, pensaban que no iban a cambiar tanto como los demás. ☐
6. Laura está segura de que se van a separar definitivamente. ☐

b. G Now complete the following statements about Laura.

1. Laura no está contenta con su relación, **así que** _____
2. Felipe no está tanto en casa como antes **porque** _____
3. Los niños han crecido, **por eso** _____

10. a. 🎧 66 P Listen and repeat.

1. cuchara
2. derecha
3. chimenea
4. chorizo

5. Chile
6. ficha
7. escuchar
8. chaqueta

b. P Is there any sound like that of the letter *ch* in your language? And in any other language you know? Discuss with your classmates.

c. P Write down more words you know that are written with the letter *ch*. Dictate them to your partner and write the ones they dictate to you.

11. a. O Read these sentences and look at the words in bold. Do they mean the same thing? What is the difference? Discuss in small groups.

1. ◆ Esta es Clara, la directora del departamento.
   Y **él** es Jaime, **el** responsable de informática.

2. ◆ ¿**Qué** lenguas hablas?
   ◆ Español, inglés y alemán. Pero la **que** mejor hablo es el inglés.

3. ◆ Me gusta mucho el cine argentino.
   ◆ A **mí** también, **mi** actor preferido es Ricardo Darín.

4. ◆ ¿Vienes?
   ◆ **Si** vas **tú**, **sí**.
   ◆ Vale, vamos en **tu** coche.
   ◆ Bueno.

5. ◆ ¿Y Luis?
   ◆ No lo **sé**… Creo que se ha ido a casa porque no **se** encontraba bien…

b. O Read the sentences in activity 11. a. again and look at the box. Write the diacritic accent where necessary.

1. **El** hizo la reserva y yo recogí las entradas.

2. ¿**Que** quieres que te regale para **tu** cumpleaños?

3. **Tu** casa es mucho mayor que la mía.

4. No **se** dónde he puesto las llaves.
   ¿Las has visto **tu**?

5. **Si** vas a ir en coche, dímelo, que me voy contigo.

6. **Si**, Juan tiene razón. Estoy completamente de acuerdo con **el**.

Diacritic accent

We use the **diacritic accent**/tilde diacrítica to differentiate words that are spelt the same but have different meanings:

- **el** (definite article)/**él** (personal pronoun)
- **que** (conjunction)/**qué** (interrogative or exclamatory)
- **mi** (possessive)/**mí** (personal pronoun)
- **tu** (possessive)/**tú** (personal pronoun)
- **si** (conditional)/**sí** (affirmative adverb)
- **se** (pronoun)/**sé** (*saber* or *ser* verbs)

Now I know how to...

☺ ☹ 🙁

- give and receive information on things done in the past
- talk about the past
- describe people, places and objects from the past
- compare the past and the present
- comment on cause and effect

Self-assessment

1.

Read the following fragment of Rafael Alberti's famous poem *Se equivocó la paloma* and fill in the blanks. Put the underlined verbs in the preterite tense and the rest in the imperfect.

Se equivocó la paloma

(EQUIVOCARSE, ella) _____ la paloma,

(EQUIVOCARSE, ella) _____ ,

Por ir al norte, (IR, ella) _____ al sur.

(CREER, ella) _____ que el trigo (SER, él) _____ agua.

(EQUIVOCARSE, ella) _____ .

(…)

(Ella (DORMIRSE, ella) _____ en la orilla.

Tú, en la cumbre de una rama.)

ALBERTI, R., *Antología poética*.

RAFAEL ALBERTI (1902-1999)

2.

Complete the following text using the correct form of the imperfect tense.

divertirse	necesitar	ser (*2 veces*)	tener	viajar

Cuando (yo) _____ joven, las cosas _____ muy distintas.

Entonces (nosotros) _____ menos por el mundo, no _____ tanta libertad.

Pero también creo que (nosotros) _____ más porque (nosotros) _____

menos cosas pero sabíamos disfrutarlas.

3.

Tick the correct option.

1. Ahora tiene _____ discos _____ tú.
   a. tantos/como
   b. tan/como
   c. tanto/como

2. Este disco es _____ el anterior.
   a. más mejor
   b. mejor que
   c. más que

3. Esta canción es _____ la otra.
   a. peor como
   b. menos que
   c. peor que

4. Estas canciones son _____ bonitas _____ las que compuso en los 70.
   a. tan/como
   b. tantas/que
   c. tantas/como

n this unit you will work on:

1. a. ☐ V Read the job ad below. Fill in the blanks with the missing words.

Importante Multinacional del sector petroquímico PRECISA
DELEGADO DE VENTA para la zona de Valencia

Se _____ :
– Carné de conducir
– Titulación universitaria
– _____ de informática: Word, Excel, Powerpoint
– Inglés (hablado y escrito)
– _____ para viajar

Se _____ :
– Contrato _____
– Gran oportunidad para desarrollar una carrera internacional
– _____ a cargo de la empresa
– Coche de empresa
– _____ a negociar

_____ , enviar currículum vítae con fotografía reciente
al apartado de correos 12003 de Madrid

---

ofrece

disponibilidad

requiere

indefinido

interesados

sueldo

conocimientos

formación

---

b. V Match these two lists of words to form the expressions you would usually find in job offers.

1. contrato	a. presencia
2. disponibilidad	b. a cargo de la empresa
3. formación	c. demostrable
4. vehículo	d. fluido
5. buena	e. para viajar
6. experiencia	f. inmediata
7. incorporación	g. propio
8. inglés	h. indefinido

c. V Look at this list of skills and qualities. Do you have any of them? Tick them and add more. You can use a dictionary.

d. ◁ Read your partner's list. Now that you know them, what kind of job do you think they would be able to do well? Write a job ad for them.

e. 🗨 Let your partner read the job ad you have written for them. Are they happy with the ad? Do they find the job interesting? Why? Discuss.

☐ Tengo buena presencia.
☐ Soy flexible.
☐ Soy una persona comunicativa.
☐ Soy responsable.
☐ Soy una persona creativa.
☐ Tengo facilidad para las relaciones humanas.
☐ Soy una persona seria.
☐ Soy amable.
☐ Soy una persona dinámica.
☐ Sé hablar en público.
☐ Tengo mucha experiencia.
☐ Tengo capacidad de decisión.
☐ Soy sociable.

_____
_____
_____
_____
_____

2. a. 📖 V Elena Roca is looking for a job. Read the letter she has sent the advertising agency Angain & Asociados and fill in the blanks with the words from the box.

| ustedes | licenciada | he realizado | currículum vítae | negocios |
| experiencia | oferta | administración | entrevista | estudios |

Elena Roca Villa
c/ Monte Esquinza, 30, 7.º A
Madrid 28010

Madrid, 24 de marzo de 2006

Estimados Sres.:

En respuesta a su _____ de trabajo aparecida el pasado domingo día 19 en el diario *La Nación*, les envío mi _____ .

Soy _____ en *marketing* y publicidad por la escuela de _____ EIE, de Madrid.

Recientemente _____ un máster de _____ de empresas en el Instituto Internacional de Economía.

Si desean _____ ampliar la información sobre mis _____ o _____ profesional, pueden ponerse en contacto conmigo en los teléfonos que figuran en mi currículum vítae.

Estoy a su disposición para una _____ personal.

Les saluda atentamente,

E R

Elena Roca

b. 67 Listen to Elena's job interview and tick the correct option.

1. ¿Con quién se entrevista?
   a. Con la jefa de personal.
   b. Con la jefa del departamento de *marketing*.
   c. Con la jefa del departamento de sistemas.

2. En el verano de 2004…
   a. trabajó como becaria en una empresa eléctrica.
   b. la nombraron jefa del departamento de *marketing*.
   c. viajó a Bolivia.

3. Elena quiere obtener ese puesto de trabajo…
   a. porque quiere desarrollar una carrera internacional.
   b. porque le ofrecen un contrato indefinido.
   c. porque los ingresos son muy altos.

c. G Read the following sentences and underline the correct option.

1. En el año 2004 **he trabajado/trabajé** como becaria en una empresa de electricidad.

2. El verano pasado **viajaba/viajé** a Bolivia para participar en un proyecto de cultivos ecológicos.

3. Ayer **tuve/he tenido** una entrevista de trabajo.

4. Mis compañeros del proyecto **eran/fueron** bolivianos.

5. ¿**Hiciste/Has hecho** algún máster o curso de formación últimamente?

6. ¿**Tienes/Tuviste** titulación universitaria?

3. a. 68 Elena has started to work in the advertising agency Angain & Asociados.
You will hear a conversation between Elena and a workmate.
What does he advise her to do?

☐ Crear la dirección de correo electrónico.

☐ Conocer a todo el equipo de ventas.

☐ Ser puntual.

☐ Presentarse al director de *marketing*.

☐ Visitar a los principales clientes.

☐ Presentar los resultados del semestre anterior.

☐ Escribir un informe sobre nuevos clientes.

☐ Estar tranquila.

☐ Conocer a todos los clientes de la empresa.

☐ Conocer todos los departamentos de la empresa

☐ Cuidar su salud.

☐ Hacer deporte.

b. G What advice would you give a friend who is starting work or who is beginning to lear
Spanish? Write a list and discuss with a partner.

◆ Para aprender español hay que hablar mucho con la gente.

◆ Sí, estoy de acuerdo, pero para mí lo mejor es leer. Me ayuda mucho a aprender vocabulario.

4. a. G Add the ending *-mente* to the following words to form adverbs.

1. amable → __amablemente__

2. cuidadoso → _____

3. correcto → _____

4. lento → _____

5. rápido → _____

6. atento → _____

7. tranquilo → _____

8. frecuente → _____

b. V How do you do these things? Complete these sentences using some of the adverbs you
formed in activity **4. a.**

1. Si tengo mucha prisa, ando __rápidamente__ .

2. Si hablo en mi idioma, lo hago _____ .

3. El primer día de clase hablaba _____ .

4. Conduzco _____ .

5. Siempre quiero hacer los ejercicios _____ .

6. Cuando una persona nos habla, lo mejor es escuchar _____ .

7. Si no tengo preocupaciones, duermo _____ .

8. Si voy a tomar una medicina, leo las instrucciones de uso _____ .

5. a. ◁ Write your CV.

CURRÍCULUM VÍTAE

FOTO

Información personal
  Apellido(s) y nombre
  Dirección
  Teléfono
  Dirección de correo elec-
  trónico
  Nacionalidad
  Fecha de nacimiento

Experiencia laboral
  Fecha
  Tipo de empresa
  Principales actividades

Educación y formación
  Fecha
  Título
  Centro que ha
  impartido la enseñanza

Fecha
  Fecha
  Título
  Centro que ha
  impartido la enseñanza

**Capacidades
y aptitudes personales**

  Lengua materna

  Otros idiomas

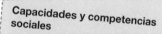

Comprender	
Hablar	
Escribir	

**Capacidades y competencias
sociales**

**Capacidades y competencias
organizativas**

**Capacidades y competencias
informáticas**

**Permiso
de conducir**

Información adicional

b. Exchange your CV with a partner. Is there anything to correct or improve
in their CV? Can you give them any advice? Discuss.

6. ◁▤ E In a job interview, it is very important to offer information about languages.
Do you remember the Council of Europe's Europass Language Passport? Complete your own.
You can find more information on the Council of Europe's website (www.coe.int/potfolio).

Apellido(s), nombre: _____   Idioma(s) materno(s): _____

Fecha de nacimiento: _____   Otro(s) idioma(s): _____

Autoevaluación de la capacidad lingüística

Comprender		Hablar		Escribir
Comprensión auditiva	Comprensión de lectura	Interacción oral	Expresión oral	Expresión escrita

Título(s) o certificado(s)

Denominación del/de los título(s) o certificado(s)	Centro emisor	Fecha	Nivel europeo

Experiencia(s) lingüística(s) en el idioma

Descripción	Desde	Hasta

7. G Elena and Javier are working on a presentation for their company. Read their conversation, look at the pronouns and underline the correct option.

♦ ¿Tienes todo el material para la presentación?
♦ Sí. **Lo tengo aquí/Tengo lo aquí**.
♦ ¿Y has hecho ya las fotocopias?
♦ Tranquila, Miguel **las está haciendo en este momento/está las haciendo en este momento**.
♦ Vale, perfecto. Oye, ¿cuándo vas a imprimir la agenda de la reunión?
♦ **Voy a la imprimir enseguida/Voy a imprimirla enseguida**. Después **dásela/dálela** a cada uno de los asistentes.
♦ De acuerdo. ¿Tenemos las transparencias y el proyector digital?
♦ Sí, sí, **lo tenemos todo preparado/tenemos lo todo preparado**.
♦ ¿Y le has dicho a Miguel que necesitamos agua, café, zumos y unas pastas?
♦ Sí, **se lo he dicho esta mañana/he dicho se lo esta mañana**. A las diez **va a traérnoslo/va a traérlonos**.
♦ ¡Estoy tan nerviosa con la reunión!
♦ Pues **tranquilízate/te tranquiliza**, porque seguro que sale todo bien.

8. G Rewrite the following sentences using the correct pronouns (*lo, la, los, las, le, les, se*).

1. Escribe (al director) una carta. → _Escríbesela_ .

2. Dame el periódico. → Dáme_____ .

3. Cuenta el chiste (a Juan). → Cuénta_____ .

4. Voy a ponerme la chaqueta. → Voy a ponér_____ .

5. Apaga la televisión. → Apága_____ .

6. No he visto las fotos. → No _____ he visto

7. Voy a enseñar (a Ana) mi casa.
   → Voy a enseñár_____ .

8. Recoge el cuaderno y los libros.
   → Recóge_____ .

9. a. 69 [P] Listen to the following word pairs and repeat.

1. Ana - ama	6. caña - cama
2. maná - mamá	7. nulo - mulo
3. mano - maño	8. nido - mido
4. loma - lona	9. rana - rama
5. remo - reno	10. pena - peña

b. 70 [P] Listen again and underline the word you hear in each pair.

c. [O] Read the spelling rule and fill in the blanks with *m* or *n*.

The spelling of the letter *m*			
	1. a___biente	5. i___presión	9. i___tenso
	2. i___vitar	6. i___perfecto	10. li___piar
In Spanish, we write *m* before *p* and *b*.	3. i___seguro	7. i___posible	11. so___bra
	4. a___tiguo	8. i___cierto	12. a___bulancia

10. a. [P] Read the spelling rule. Then listen and split the following words into syllables.

1. innovación → _in-no-va-ción_____

2. irrepetible → _____

3. acción → _____

4. instrucción → _____

5. arriba → _____

6. llave → _____

7. lleno → _____

8. hierro → _____

Use of double consonants in Spanish
In Spanish, the double consonant *rr* forms a single sound, like *ll*.
Consonants *c* and *n* can also form double consonant groups, but in different syllables.
sec-ción   in-no-var

b. [P] Do you know more words spelt with *rr* or *ll*? Do you know words with double *c* or double *n*? Write a few examples. You can use a dictionary.

- rr: _____
- ll: _____

- cc: _____
- nn: _____

Now I know how to...

	😊	😐	😞
▪ understand the main information given in job ads			
▪ give basic information about my education and professional training in a job interview			
▪ write my own CV			
▪ ask for and give information on further training and work experience			
▪ offer advice on work			

Self-assessment

El Corte Inglés is a well-known Spanish department store. Read the text below and decide if these statements are true (T) or false (F).

T F

1. El Corte Inglés abrió sus puertas al público por primera vez en 1939. ☐ ☐

2. En sus comienzos fue una tienda de ropa de niños. ☐ ☐

3. En 1940 tenía setenta empleados. ☐ ☐

4. Entre 1945 y 1946 El Corte Inglés amplió su superficie de venta en cinco plantas. ☐ ☐

5. En la década de los sesenta se inauguraron nuevos centros en varias ciudades españolas. ☐ ☐

6. En 1995 más de cinco mil empleados empezaron a trabajar en la empresa. ☐ ☐

7. En el año 2001 la empresa compró varios hipermercados al grupo Carrefour y nueve centros del grupo Marks & Spencer. ☐ ☐

8. El Corte Inglés ha abierto recientemente, en Londres, el mayor almacén de Europa. ☐ ☐

HISTORIA DE EL CORTE INGLÉS

El Corte Inglés toma su nombre de una tienda dedicada a la especialidad de ropa para niños, fundada en Madrid, en el año 1890. En 1934, D. Ramón Areces Rodríguez, fundador de El Corte Inglés, S. A., compra la sastrería, la constituye en Sociedad Limitada y comienza su trayectoria empresarial.

Tras la Guerra Civil española, en el año 1939, comenzó una nueva fase que supondría el primer desarrollo progresivo de lo que hoy es el grupo El Corte Inglés. Se compró una finca en la calle de Preciados, número 3, esquina a la de Tetuán, de la cual se destinaron a la venta la planta baja, la primera y parte de la segunda. El 24 de junio de 1940 la sociedad se convirtió en Sociedad Anónima. Entonces tenía siete empleados.

Entre los años 1945 y 1946 se reformó todo el edificio. La superficie de venta pasó a ocupar un total de 2000 m² en cinco plantas. Se da comienzo así a la estructura definitiva de venta por departamentos, propia de un gran almacén.

La década de los sesenta fue importante para la expansión de El Corte Inglés como gran almacén: se inauguraron nuevos centros en Barcelona, Sevilla y Bilbao, además de Madrid.

Desde finales de los sesenta hasta mitad de los noventa, tiene lugar una fase de fuerte crecimiento del grupo El Corte Inglés, marcado por la expansión a otras capitales de provincia y por la diversificación de su actividad comercial, que pasó a tomar posiciones en otros negocios. Así, en 1969, se constituyó la sociedad Viajes El Corte Inglés, S. A. Diez años después, en 1979, se creó Hipercor, S. A., y en 1982 se adquirió la sociedad Centro de Seguros, S. A. Este periodo de expansión culminó en 1995 con la adquisición de las propiedades inmobiliarias de otro gran almacén, Galerías Preciados, y la incorporación a la plantilla de 5200 trabajadores.

El 29 de junio del año 2001 la empresa Hipercor, S. A. –perteneciente al grupo El Corte Inglés, S. A.– compró cinco hipermercados a la sociedad Carrefour, S. A., incluidos en su plan de desinversiones, y las galerías comerciales correspondientes. El día 23 de noviembre de 2001 se inauguró al público el primer gran almacén de El Corte Inglés en Lisboa. En el mes de diciembre de 2001, El Corte Inglés adquirió al grupo Marks & Spencer los nueve centros que tenían en España.

Audio scripts

Unidad 0

Grabación ①

Enrique: Hola, buenos días a todos. Me llamo Enrique y soy vuestro profesor de español. Bienvenidos a la escuela. Voy a leer vuestros nombres. ¿Caroline Dubois?
Caroline: Sí, soy yo.
Enrique: Hola, Caroline. ¿Sarah Darab? ¿No? ¿Gabriella Della Casa? ¿Gabriella Della Casa...? ¿No? Vale, seguimos. ¿Robert? ¿Robert Doher... Doherty?
Robert: Doherty. Sí, soy yo.
Enrique: Muy bien, Robert. ¿Hugo Durão?
Hugo: Yo. Hola. Hola a todos.
Enrique: Hola, Hugo. ¿Fröst, Leopold...? ¿Leopold? No está. ¿Güden, Alfred? ¿Hervé, Richard? Seguimos. ¿Siepi, Luigi?
Luigi: Yo, yo soy Luigi. Hola, buenos días.
Enrique: Buenos días, Luigi. ¿Qué tal?
Luigi: Bien, gracias.
Enrique: ¿Harada, Naoko?
Naoko: Yo, yo soy Naoko. Hola a todos.
Enrique: ¿Y Vlack, Josef? ¿No? Bien, seguimos.

Grabación ②

Enrique: Ahora que ya sabemos nuestros nombres, vamos a decir algo más de nosotros. Por ejemplo: yo me llamo Enrique. Soy español, de Salamanca. Y tú, Caroline, ¿de dónde eres?
Caroline: Yo soy de Francia.
Enrique: ¿Y dónde vives?
Caroline: En Lyon.
Enrique: Muy bien, Caroline, ¿puedes preguntarle a Hugo?
Caroline: Hugo, ¿de dónde eres?
Hugo: Soy de Brasil, de São Paulo. Vivo allí, en mi ciudad. ¿Y tú, Robert?
Robert: Yo soy irlandés, de Dublín, y vivo en Londres. Y tú, Luigi, ¿eres italiano?
Luigi: Sí, de Milano... no, cómo se dice, de Milán. Soy de Milán y vivo en Roma. Y tú, Naoko, ¿de dónde eres?
Naoko: De Japón.
Luigi: ¿Y dónde vives?
Naoko: En Tokio.

Grabación ③

1. **Alberto:** ¿Te llamas Juan?
   Juan: Sí.
2. **Eva:** ¿Cómo se llama tu profesora?
   Susana: María.
3. **Jaime:** ¿Qué lenguas hablas?
   Carmen: Árabe y español.
4. **Ignacio:** ¿Cómo se dice esto en español?
   Sebastián: Goma.
5. **Pedro:** ¿Para qué estudias español?
   Marie: Para trabajar en Argentina.
6. **Juana:** ¿Eres Isabel?
   Lola: No, yo soy Lola.
7. **Javier:** ¿Dónde vives?
   Amparo: En Sevilla.
8. **Julián:** ¿Cómo se escribe tu nombre?
   Dunia: De, u, ene, i, a. Dunia.
9. **Tom:** ¿Qué significa *aula*?
   Alfredo: Es lo mismo que *clase*.
10. **Miki:** ¿De dónde eres?
    Valentino: De Italia. ¿Y tú?

Grabación ④

1. Adiós, hasta mañana.
2. Adiós.
3. ¡Hola! ¿Qué tal?
4. Hasta luego.
5. Hasta mañana.
6. ¡Hola! ¿Qué tal?

Grabación ⑤

1. chocolate
2. universidad
3. teléfono
4. menú
5. jersey
6. kilo
7. aeropuerto
8. hospital
9. pasaporte
10. café
11. hotel
12. sofá

Grabación ⑥

1. ce, hache, i, ele, e
2. be, o, ele, i, uve, i, a
3. e, ce, u, a, de, o, erre
4. hache, o, ene, de, u, erre, a, ese
5. ce, u, be, a
6. u, erre, u, ge, u, a, i griega
7. ce, o, ele, o, eme, be, i, a
8. a, erre, ge, e, ene, te, i, ene, a

Grabación ⑦

1. ¿Cómo se llama esto en español?
2. ¿Eres portugués?
3. *Thank you* se dice *gracias* en español.
4. ¿Marysse se escribe con dos eses?
5. Vives en Nueva York.
6. ¿Qué significa *despedirte*?
7. El español se habla en muchos países.
8. ¿De dónde eres?
9. Vivianne se escribe con uve y dos enes.
10. ¿Dónde vive Ludovic?

Grabación ⑧

Luigi: ¡Hola! ¿Cómo te llamas?
Hugo: ¡Hola! Yo me llamo Hugo, ¿y tú?
Luigi: Luigi.
Hugo: Luigi... ¿eres italiano?
Luigi: Sí, de Milán. Pero vivo en Roma. Y tú eres brasileño, ¿no?
Hugo: Sí, vivo en São Paulo.
Luigi: ¿São...? ¿Cómo se escribe?
Hugo: Ese, a, o, pe, a, u, ele, o.
Luigi: Ah, ya. Oye, hablas muy bien español.
Hugo: Un poco... ¡pero no hablo italiano! ¿Y tú, qué lenguas hablas?
Luigi: Hablo italiano, claro, inglés y español, un poquito.
Hugo: ¿Y para qué aprendes español?
Luigi: Para viajar, ¿y tú?
Hugo: Para viajar y para trabajar.

Unidad 1

Grabación ⑨

Flavio: Perdona, ¿hablas español?
Alan: Sí, un poquito.
Flavio: ¿Tú eres Alan Wilson?
Alan: Bueno, sí, me llamo Alan, pero me apellido Doherty.
Flavio: Ah... Yo me llamo Flavio Necchi, soy italiano.
Alan: Encantado. Y tú, ¿cómo te llamas?
Misako: Misako.

Flavio: Hola, Misako. ¿De dónde eres?
Misako: De Japón.
Flavio: ¿Y desde cuándo vives en Madrid?
Misako: Desde enero. Soy médica y he venido a trabajar.
Flavio: ¡Qué bien! Yo trabajo aquí, soy dentista. ¿Y tú, Alan?
Alan: Yo soy profesor de inglés.

Grabación ⑩

1. **Teresa:** Mira Ana, esta es mi amiga Blanca. Blanca, esta es Ana, una compañera de trabajo.
   Ana: ¡Hola! ¿Qué tal?
2. **Aurora:** Señora Martín, le presento a Carmen Solano, la directora de la escuela.
   Carmen: Encantada de conocerla.
3. **Marga:** Encantada de conocerte.
   Carlos: Igualmente.
4. **José:** Mira, Thomas, te presento a mi profesor.
   Thomas: Encantado.

Grabación ⑪

1. Tu autobús es el 77, ¿verdad?
2. Aquí el menú del día vale 15 euros.
3. La escuela está en el número 97 de la calle Pinar.
4. Cuesta 76 euros. Es un poco caro, ¿no?
5. Vivo en la calle Alcalá, número 65.
6. Entre Madrid y Aranjuez hay 50 kilómetros.
7. Tu cumpleaños es el 28 de agosto, ¿no?
8. En mi clase de español hay 7 estudiantes.
9. Abrid el libro por la página 56.

Grabación ⑫

Jesús: Perdona, ¿tienes la dirección de estos estudiantes? Es que tengo que enviarles unas cartas y no tengo todos los datos.
Luisa: Sí, las tengo en el ordenador. A ver…, espera… Ya. Dime.
Jesús: ¿Dónde vive Gudrun Caspar?
Luisa: En la calle Cuarta, número 12, 1.º derecha.
Jesús: ¿Y el código postal?
Luisa: Es el 28012, Madrid.
Jesús: Bien. ¿Y Wolfgang Straub?
Luisa: Wolfgang vive en la avenida de la Paz, número 24, 6.º izquierda.
Jesús: ¿Y en qué número vive Karsten Rincke?
Luisa: En el 9.
Jesús: ¿Y en qué piso?
Luisa: En el 7.º izquierda.
Jesús: Perfecto. Y el último: Thomas Warnecke.
Luisa: Thomas vive en la calle Jarama, número 19, 1.º derecha.
Jesús: ¡Muchas gracias!
Luisa: De nada.

Grabación ⑬

1. Sesenta y seis.
2. Setenta y cuatro.
3. Setenta y cinco.
4. Setenta y uno.

Grabación ⑭

1. café
2. kilómetro
3. escuela
4. quinto
5. quién
6. cuál
7. cómo
8. cumpleaños

Grabación ⑮

1. casa
2. compañero
6. quince
7. calle
11. quién
12. cuándo

3. catorce
4. cuarto
5. colegio
8. consonante
9. qué
10. cuatro
13. cuál
14. cuarenta

Unidad 2

Grabación ⑯

1. **Sophie:** Perdona, ¿puedes repetir, por favor?
   Alicia: Sí, claro. Abrid el libro por la página 20.
2. **Yuki:** ¿Cómo se escribe tu apellido?
   Julio: Con ka. Ka, ene, a, ese, te, e, erre.
3. **Charles:** ¿Cómo se dice *library* en español?
   Carmela: Biblioteca.
4. **Gilberto:** ¿Qué significa *buenos días*?
   Antonio: Es algo que se dice para saludar por la mañana.
5. **Albert:** ¿Cómo se dice: *dictionario* o *diccionario*?
   Tomás: Diccionario.
6. **Alfredo:** ¿*Bolígrafo* se escribe con be o con uve?
   Petra: Con be.

Grabación ⑰

1. **Pablo:** Perdón, por favor, ¿tiene hora?
   Antonia: Eh… sí, es la una y media.
   Pablo: Gracias.
   Antonia: De nada.
2. **Fernando:** Luis, perdona, ¿tienes hora?
   Luis: Sí, son las nueve.
3. **Cristina:** ¿Qué hora es?
   Julián: La una menos veinte.
   Cristina: Gracias.
4. **Iván:** Por favor, ¿tienes hora?
   Mar: Sí, son… las ocho y veinticinco.
   Iván: Muchas gracias.
   Mar: De nada.
5. **Sergio:** Claudia, ¿qué hora es?
   Claudia: Las seis y cuarto.
   Sergio: ¿Las seis y cuarto? ¡Qué tarde!
6. **Chus:** Emilio, oye, ¿qué hora es?
   Emilio: Las once… las once menos cuarto.
   Chus: Pues tenemos que irnos.
7. **Belén:** Carlos, ¿qué hora tienes?
   Carlos: Las dos y media.
   Belén: Gracias.
8. **Pedro:** Perdón, ¿tiene hora, por favor?
   Beatriz: Sí, claro, son las siete y diez.
   Pedro: Muchas gracias.
   Beatriz: De nada.

Grabación ⑱

1. libro
2. actividad
3. levantarse
4. cambiar
5. viernes
6. dibujar
7. hablar
8. sábado
9. ver
10. escribir

Unidad 3

Grabación ⑲

Josefina: Oye, Begoña, tienes novio, ¿no?
Begoña: Sí…
Josefina: Cuenta, cuenta… ¿Cómo es?
Begoña: Pues es muy generoso, trabajador, inteligente…

Josefina: Vale, vale, eso está muy bien. ¿Pero cómo es físicamente?
Begoña: Es muy guapo. Es alto y tiene el pelo oscuro, un poco rizado. Y muy corto.
Josefina: ¿Y los ojos?
Begoña: Negros. Y lleva gafas.
Josefina: ¿Y qué más?
Begoña: Pues es bastante delgado.
Josefina: ¿Y a qué se dedica?
Begoña: Es profesor.
Josefina: ¿Y qué tal os va? ¿Bien?
Begoña: Sí, muy bien, estoy muy contenta.

Grabación 20

Pablo: Mira, una foto de mi familia. Estos son mis abuelos: Federico y Matilde.
Manuel: ¡A ver! Ah, sí. Y esta es tu madre, ¿no? Te pareces mucho a ella.
Pablo: Sí, todo el mundo me lo dice. Y este es mi padre, Vicente.
Manuel: ¿Y estas quiénes son?
Pablo: Mi hermana Amaya y mi sobrina Sara.
Manuel: ¿Esta es tu sobrina? ¡Qué guapa!
Pablo: Esa es Sara, sí. Y esta es su madre, Anabel, que está casada con mi hermano Nacho.
Manuel: ¿Y cómo se llama el hermano de Sara?
Pablo: Nicolás. Es el pequeño de la familia.
Manuel: Nicolás. Es un nombre muy bonito. Oye, ¿y estas niñas?
Pablo: Son mis primas, Marta y Laura, las hijas de Rosario y Paco. Marta es la mayor.
Manuel: ¿Tu padre es hermano de Paco?
Pablo: No, no... Mi padre es el hermano de mi tía Rosario.
Manuel: No sois una familia muy numerosa, pero no sé si me acuerdo de los nombres... ¿Me los dices otra vez?
Pablo: Ven a comer a casa un día y te los presento.
Manuel: Vale, estupendo.

Grabación 21

Lola: ¿Te apetece ir a un museo?
Heliano: ¿A un museo? Bueno. ¿Cuándo?
Lola: Pues no sé... Este fin de semana.
Heliano: Vale, ¿quedamos el viernes por la tarde?
Lola: Ay, el viernes no puedo, lo siento. Tengo planes. Es que es el cumpleaños de mi sobrina y hay una fiesta.
Heliano: ¿Y el domingo?
Lola: El domingo sí, estupendo.
Heliano: ¿A qué museo quieres ir?
Lola: Pues me gustaría ir a ver la nueva exposición del Museo Nacional de Arte.
Heliano: Uf, no sé...
Lola: Bueno, vale. Ya veo que no te apetece. También hay exposiciones muy buenas en el museo Picasso y en la Fundación Miró.
Heliano: Eso sí me apetece. Creo que hay una sobre el *collage* en la Fundación Miró. ¿Vamos?
Lola: De acuerdo. Oye, ¿por qué no vienes a mi casa a comer y vamos por la tarde?
Heliano: Vale, comemos en tu casa y vamos a la exposición.
Lola: Entonces, hasta el domingo. Te espero a las dos, ¿vale?
Heliano: Perfecto. Hasta luego.

Grabación 22

1. aceptar
2. aprendizaje
3. decir
4. felicitar
5. hacer
6. marzo
7. ocio
8. parecer
9. rizado
10. Venezuela

Grabación 23

1. francés
2. Suiza
3. pronunciación
4. aceite
5. plaza
6. cero
7. pizarra
8. abrazo
9. conversación
10. ejercicio

Grabación 24

Joaquín: Manolo, ¿quién es esa chica tan guapa?
Manolo: Es mi prima.
Joaquín: ¿Ah, sí? ¿Tu prima? Está muy diferente. No sé, el pelo... ¡Qué bonito!
Manolo: ¿Bonito? Chico, no sé... Castaño, largo, liso... normal.
Joaquín: ¿Y sus ojos? ¿Qué me dices de sus ojos?
Manolo: Bueno, no sé... Tiene los ojos negros, pero...
Joaquín: Mira, te saluda. ¡Qué simpática!
Manolo: Sí, es muy simpática. Y muy alegre. Oye, Joaquín, lo siento, pero está casada.
Joaquín: Ya me lo imaginaba... ¡Qué pena!

Unidad 4

Grabación 25

Ana: Tengo que comprarme algo de ropa para la fiesta de cumpleaños de Miguel.
Cristina: Sí, yo también. ¿Por qué no vamos a la planta de moda y miramos algo?
Ana: ¡Vamos!
Cristina: Mira, este vestido negro es bonito. Me gusta mucho.
Ana: Sí, pero es muy formal, ¿no? Oye, mira estos pantalones vaqueros. Y con esta blusa de seda rosa... Imagínate.
Cristina: ¿Tú crees? Es que no me gusta el color rosa. La blusa es bonita, pero no me gusta el color. Oye, mira qué abrigo tan bonito. Uf, pero es un poco caro.
Ana: Sí. ¿Y esta cazadora? ¿Qué te parece?
Cristina: No me convence... ¡Ah, ya sé! Esta falda de pana azul me encanta. Con un jersey negro tiene que quedar muy bien. A ver si tienen mi talla.
Ana: Pero es un poco corta, ¿no?
Cristina: Ya, pero con unas botas negras quedará muy bien. Sí, me la voy a llevar, me gusta mucho. Y tú, ¿qué vas a hacer?
Ana: A mí me gusta el vestido negro, soy muy clásica, ya me conoces. Sí, me lo compro.
Cristina: Vale, pero póntelo con esta chaqueta roja, que quedará muy bien.
Ana: De acuerdo, te hago caso. Me llevo también la chaqueta.

Grabación 26

1. **Entrevistador:** Disculpe, señora. ¿Puedo hacerle una pregunta para la radio?
   Mireia: Sí, dígame.
   Entrevistador: ¿Usted dónde prefiere hacer la compra?
   Mireia: Yo prefiero comprar en las tiendas que tengo cerca de casa.
   Entrevistador: ¿No prefiere los grandes almacenes?
   Mireia: No, porque en las tiendas del barrio ya me conocen y me tratan muy bien.
2. **Entrevistador:** Por favor, ¿me puede responder a unas preguntas para un programa de la radio?
   Felipe: Bueno, pero tengo un poco de prisa.
   Entrevistador: Solo es un minuto. Normalmente, ¿dónde hace usted la compra?

Felipe: Bueno, en casa preferimos comprar en unos grandes almacenes los jueves o los viernes por la tarde, depende del trabajo. Como cierran tan tarde…

3. **Entrevistador:** Perdona, ¿nos puedes decir dónde haces tus compras normalmente?

   Rosa: ¿Mis compras? Bueno, pues normalmente voy con mis amigas a un centro comercial.

   Entrevistador: ¿Y no prefieres las tiendas pequeñas?

   Rosa: No, ir a un centro comercial es más cómodo. Allí tienes un montón de tiendas y normalmente encuentras todo lo que necesitas.

Grabación ㉗

1. **Cliente:** Perdone, por favor, ¿me puedo probar este abrigo?
   Dependiente: Claro que sí. ¿Cuál es su talla?
   Cliente: La 42. ¿Y me puede decir el precio?
   Dependiente: Sí, un momento… Sí, el precio es de 108 euros con 90 céntimos.
2. **Clienta:** Oiga, por favor, ¿me puede decir el precio de este frigorífico?
   Dependiente: Sí, señora. Este cuesta 500 euros con 80 céntimos.
3. **Clienta:** Por favor, ¿cuánto cuesta ese teléfono móvil?
   Dependienta: ¿Cuál? ¿Este?
   Clienta: Sí, ese, ese.
   Dependienta: Este teléfono cuesta 200 euros con 50 céntimos.
   Clienta: Gracias.
   Dependienta: De nada.
4. **Cliente:** Oiga, perdone, ¿cuánto cuestan esas zapatillas de deporte?
   Dependienta: Estas cuestan 105 con 99.
5. **Clienta:** Por favor, ¿qué precio tiene esa bicicleta roja?
   Dependiente: Sí, son… 432 euros.
   Clienta: ¡Muchas gracias!
6. **Cliente:** Perdone, esta crema solar, ¿cuánto cuesta?
   Dependienta: ¿Esta?
   Cliente: Sí, esa.
   Dependienta: Son 16 euros con 40.

Grabación ㉘

Dependiente: ¿Qué tal los pantalones? ¿Se lleva alguno?
Alberto: Bueno…, los pantalones azules me quedan largos, los marrones me quedan cortos, los beis me quedan pequeños, los negros me quedan anchos, los blancos me quedan grandes, los de pana me quedan estrechos…
Dependiente: Y los vaqueros, ¿qué tal le quedan?
Alberto: Los vaqueros me quedan bien, me los llevo.

Grabación ㉙

1. bar
2. bonito
3. puerta
4. hablar
5. espalda
6. pollo
7. baño
8. patio
9. baile
10. playa
11. pelo
12. bollo

Grabación ㉚

1. septiembre
2. hombre
3. séptimo
4. página
5. objeto
6. sobre
7. copa
8. cuerpo
9. despacio
10. pasta
11. buen
12. árbol

Unidad 5

Grabación ㉛

Felipe: ¿Dígame?
Pedro: Hola, Pedro. Soy Felipe.
Felipe: Hola, ¿qué tal?
Pedro: Bien, bien. Oye, estoy un poco aburrido. ¿Te apetece ir a tomar algo?
Felipe: Lo siento, no puedo, es que tengo que corregir unos exámenes. ¿Y si quedamos mañana por la noche?
Pedro: Vale. ¿Cómo quedamos?
Felipe: ¿A las nueve en la cervecería Los timbales? Me apetece mucho ir.
Pedro: No sé...
Felipe: ¿La conoces? Está muy bien.
Pedro: Sí, la conozco: hay tapas, raciones... Está todo muy bueno, pero a mí me apetece algo más.
Felipe: ¿Y si vamos a la tortillería Cáscaras?
Pedro: ¿Un vegetariano? No sé, no me apetece mucho. Oye, ¿por qué no vamos al asador Sobrino de Botín? Es un restaurante muy bueno. Es un poco más caro, pero la carne es muy buena. ¿Te apetece?
Felipe: Es una buena idea... Vale, de acuerdo. ¿Quedamos a las nueve en el bar que hay al lado?
Pedro: Perfecto, tomamos algo y luego vamos a cenar.
Felipe: Estupendo, llamo yo para reservar.
Pedro: Muy bien. ¡Hasta mañana!
Felipe: ¡Hasta mañana!

Grabación ㉜

Cliente: Buenos días.
Camarero: Buenos días. Van a comer, ¿verdad?
Cliente: Sí.
Camarero: Muy bien, pues aquí tienen la carta.
Cliente: Gracias. A ver qué hay hoy... Paz, el menú del día cuesta diez euros, ¿no?
Clienta: Sí, pero no sé si incluye dos platos o uno.
Cliente: Yo tampoco, no está claro. Vamos a preguntar. Camarero, por favor.
Camarero: Dígame.
Cliente: Una pregunta, ¿qué incluye el menú del día?
Camarero: Pueden ustedes elegir un primero, un segundo, un postre y la bebida. Los cafés son aparte.
Cliente: Ah, muy bien, muchas gracias.
Camarero: ¿Ya saben lo que van a tomar?
Clienta: Creo que sí. ¿Qué lleva la ensalada de la casa?
Camarero: Espárragos, atún, lechuga, tomate y cebolla.
Clienta: Perfecto. Para mí, entonces, la ensalada de primero.
Cliente: Y yo voy a tomar una sopa de ajo. Y de segundo... ¿La lasaña es vegetariana?
Camarero: Sí señor, de espinacas.
Cliente: Pues, de segundo, lasaña.
Clienta: Y yo, un filete con patatas fritas.
Camarero: ¿Y para beber?
Cliente: Una botella de tinto de la casa, ¿no?
Clienta: Yo prefiero agua.
Cliente: Entonces tráiganos una botella de agua mineral sin gas.
Camarero: Muy bien.

Grabación ㉝

Locutor: Seguimos en Onda Vital. Les recordamos que hoy nuestro tema es la nutrición. Y me dicen que tenemos al teléfono a la responsable del Ministerio de Sanidad y Consumo para hablarnos sobre este tema, doña Carmen López. Buenos días, señora López.

Carmen: Buenos días.

Locutor: Queríamos preguntarle cuál es su recomendación general para llevar una alimentación sana.

Carmen: Bueno, lo primero en lo que queremos insistir es en que no hay que suprimir comidas, eso es un error. Lo que hay que hacer es distribuirlas bien y comer tres o cuatro veces al día, en menos cantidad. Y, sobre todo, tenemos que dar más importancia al desayuno; todos sabemos que mucha gente toma solo un café con leche y eso no es suficiente.

Locutor: Claro, pero parece que con las prisas de hoy día y los horarios de trabajo nuestros hábitos están cambiando. Díganos, una mujer tan ocupada como usted, ¿es capaz de seguir estos consejos?

Carmen: Bueno, lo intento, lo intento… Es cuestión de organizarse.

Locutor: Muchas gracias, señora López, tendremos en cuenta sus recomendaciones.

Carmen: De nada, un placer.

Locutor: Tenemos una llamada. Hola, buenos días, ¿con quién hablamos?

Sara: Hola, me llamo Sara. Lo primero, felicidades por su programa, lo oigo todos los días.

Locutor: Gracias, Sara. Díganos, ¿qué cree que hay que hacer para comer mejor?

Sara: Mire, yo tengo una casa rural, ya sabe, un hotelito pequeño en el campo. Y a nuestros clientes les damos productos naturales, nada de comida basura ni platos preparados.

Locutor: ¿Y cree usted que hay que hacer dieta constantemente para perder peso?

Sara: No, qué va. No hay que obsesionarse con ese tema. Bueno, a mí me encantan los pasteles, pero intento no comer demasiado dulce. Pero eso no es hacer dieta, simplemente es tener un poco de cuidado. Hay que comer de todo, aunque de forma moderada.

Locutor: De acuerdo, muchas gracias por llamar, Sara.

Sara: De nada. Y a ver si vienen un día a visitar mi hotel.

Locutor: Estaríamos encantados, intentaremos ir a verla.

Sara: ¡Eso espero!

Locutor: Se nos acaba el tiempo, queridos oyentes. Nuestro programa acaba aquí, pero recuerden que mañana estaremos de nuevo con ustedes a la misma hora.

Grabación ㉞

Recepcionista: Consulta del Doctor Aramburu, ¿dígame?

Juan: Buenas tardes. Quería pedir cita. Es que me duele mucho el estómago.

Recepcionista: A ver, un momento… Mire, le puedo dar hora mañana por la tarde, a las siete.

Juan: ¿Y no puede ser antes? Es que me duele mucho.

Recepcionista: A ver… ¿Puede venir dentro de media hora? Hay un paciente que acaba de llamar para cancelar su cita.

Juan: Sí, sí, muchas gracias.

Recepcionista: De acuerdo. ¿Me dice su nombre?

Juan: Sí, Juan Ramos Sánchez.

Grabación ㉟

Paciente: Buenos días.

Médica: Buenos días. ¿Qué le pasa?

Paciente: Me duelen el estómago y la cabeza… No me encuentro bien.

Médica: ¿Tiene fiebre?

Paciente: No, fiebre no tengo.

Médica: ¿Le duelen las articulaciones, las piernas…?

Paciente: No.

Médica: ¿Le duele la garganta?

Paciente: Tampoco… Pero estoy cansado todo el día. Me levanto cansado y me acuesto cansado.

Médica: ¿Está nervioso últimamente? ¿Hay algo que le preocupa?

Paciente: Sí, un poco, tengo muchos problemas en el trabajo.

Médica: Ya veo. Y, dígame, ¿hace usted deporte?

Paciente: No…

Médica: Pues mire, lo mejor es que se tome usted unos días de descanso, si puede. Tiene que dormir suficiente, al menos siete horas, y también debe hacer algo de deporte.

Paciente: ¿Y no me receta ningún medicamento?

Médica: No. Si le duele la cabeza, puede tomar una aspirina, pero lo que más le va a ayudar es cambiar un poco sus costumbres. Y venga a verme dentro de unos días si no se encuentra mejor.

Paciente: De acuerdo. Gracias, doctora.

Médica: De nada, buenos días.

Grabación ㊱

El camarero en ese bar sirve una tapa de calamar.	Raúl Riaza toma una ración en la terraza del bar Ramón.

Grabación ㊲

1. cuchara
2. servilleta
3. azúcar
4. cerrar
5. zanahoria
6. restaurante
7. barato
8. refresco
9. merluza
10. postre
11. ración
12. parrilla

Unidad 6

Grabación ㊳

Ángela: Laia, el sábado después de comer, Luis y yo nos vamos a acercar a Okey a comprar algunas cosas para casa. ¿Te apuntas? Porque el otro día me comentaste que querías ir también a mirar algo…

Laia: Sí, sí, me apunto. Necesito una lámpara para el dormitorio, para la mesilla de noche.

Ángela: Nosotros también necesitamos una lámpara, pero grande, para el salón. Y también queremos comprar un juego de café, que no tenemos casi tazas… Y una cafetera.

Laia: Yo lo que no tengo es jarra para el agua; tengo que comprar una. Y unos vasos.

Ángela: También tenemos que comprar unas copas y unos cubiertos, porque los que tenemos están muy viejos y estropeados. Y, no sé, seguro que allí vemos más cosas que nos vienen bien.

Laia: Pues mira, estoy pensando que también podría mirar unos adornos para el salón: un florero, un revistero y alguna cosa más. Ah, se me olvidaba, y un frutero.

Ángela: ¡Ah! Nosotros tampoco tenemos, a ver si vemos uno.

Laia: ¿Vais a ir en coche? Es que, si podéis, me gustaría aprovechar para comprar unas plantas para la terraza.

Ángela: Sí, yo creo que sí. Y el maletero es grande…

Laia: Entonces, quedamos el sábado, ¿no?

Ángela: Sí, después de comer pasamos por tu casa.

Laia: Perfecto. Hasta el sábado entonces, Ángela. Y gracias.

Ángela: De nada, mujer. Hasta el sábado.

Grabación ㊴

Laia: A ver, esta lámpara para la mesilla de noche es mía, y la grande es vuestra, ¿no, chicos?
Ángela: Sí, sí, es nuestra. Y también la cafetera, la tetera...
Clienta: Disculpe, pero la tetera es mía.
Ángela: ¡Ay! Sí, perdone, es que con tanta bolsa... Y este florero redondo, ¿también es suyo?
Clienta: Sí, es mío. ¿Y este otro cuadrado es de ustedes?
Laia: A ver… sí, el cuadrado es mío. Y el revistero, también.
Clienta: No, no, perdone, este revistero es mío; el suyo es este de madera.
Laia: Sí, es verdad, perdón. Ángela, Luis, los cubiertos...
Luis: Los de acero inoxidable son nuestros, ¿no, Ángela? Pero estos de plástico no. ¿Son tuyos, Laia?
Laia: No, no son míos. ¿Son suyos, señora?
Clienta: Sí, gracias.
Luis: A ver. Los vasos y la jarra son tuyos, Laia. Y también este frutero de cristal.
Laia: Sí, son míos, gracias. Y las plantas también. ¿Me las acercas, por favor, Luis? Gracias. Y estas velas, ¿son vuestras?
Luis: ¿Las velas? No, creo que son de esta señora...
Clienta: Sí, gracias, son mías.
Luis: ¡Por fin! Ya está todo.

Grabación ㊵

Jaime: Entonces, ¿para bloquear el teclado?
Ana: A ver, abuelo, ¿te has leído las instrucciones?
Jaime: Sí, hija, pero no me acuerdo…
Ana: Es muy fácil. Aprietas la tecla azul que está arriba, a la derecha, y luego, aprietas la tecla asterisco.
Jaime: ¿Y para desbloquear?
Ana: Pues igual, primero la tecla azul y luego la tecla asterisco, y ya tienes el teclado activado. ¿Qué más?
Jaime: Sí, otra cosa. Para oír los mensajes, ¿qué tengo que hacer?
Ana: ¿Tienes el mismo operador que yo, verdad?
Jaime: Sí, Todovoz.
Ana: Entonces, marcas el 133 y pulsas la tecla de llamada. Y escuchas una voz que te dice las opciones del menú principal: «Este es el servicio contestador de Todovoz. Tiene un mensaje nuevo y dos mensajes guardados. Para escuchar sus mensajes, pulse 1, para borrarlos pulse 2», etcétera, y pulsas el número de la opción que quieras.
Jaime: ¡Cómo te lo sabes! ¡Qué memoria!
Ana: Claro, es que lo he oído tantas veces… ¿Algo más?
Jaime: Sí, lo de la agenda…
Ana: Déjame el manual de instrucciones del teléfono, eso lo vamos a mirar juntos.

Grabación ㊶

1. gente	5. página	9. guerra
2. jersey	6. jarra	10. gorro
3. dibujo	7. vajilla	11. agua
4. judía	8. amiga	12. guitarra

Grabación ㊷

1. agenda
2. hijos
3. yogur
4. portugués
5. naranja
6. galleta
7. guinda
8. tarjeta

Unidad 7

Grabación ㊸

Entrevistadora: Buenos días. ¿Me permite que le haga un par de preguntas sobre su barrio?
Rodrigo: Sí, claro.
Entrevistadora: Díganos, ¿en qué barrio vive?
Rodrigo: Yo vivo en el casco antiguo.
Entrevistadora: En pleno centro de la ciudad, ¿no?
Rodrigo: Sí, eso es, en el centro.
Entrevistadora: ¿Y está contento?
Rodrigo: Sí, me gusta mucho. Es un barrio muy animado, tengo todo lo que necesito al lado de casa. Hay tiendas, restaurantes, cines, colegios… De todo. Y además está bien comunicado: hay varias líneas de autobús y de metro por la zona.
Entrevistadora: ¿Cree que hay algún problema en su barrio?
Rodrigo: No sé… Bueno, si lo comparamos con otros barrios, no hay muchos parques ni zonas verdes. Sí, eso es algo que habría que mejorar.
Entrevistadora: ¿Quiere comentar alguna cosa más?
Rodrigo: Sí, hay muchos bares y a veces, por la noche, hay mucho ruido. Sobre todo los fines de semana, es terrible...
Entrevistadora: Muy bien, gracias.
Rodrigo: De nada.
Entrevistadora: Perdone, señora, estamos haciendo a la gente preguntas sobre su barrio. ¿Me permite? Serán solo unos minutos.
Tona: Sí, dígame.
Entrevistadora: ¿Dónde vive usted?
Tona: Yo vivo en el Barrio Blanco.
Entrevistadora: ¿Y está contenta?
Tona: La verdad es que está muy bien. Es un barrio muy tranquilo, pero hay que tener coche, eso sí, porque está un poco lejos del centro. Y como casi no hay transporte público...
Entrevistadora: ¿Diría usted que en su barrio hay servicios suficientes?
Tona: Bueno, no está mal. Hay una biblioteca muy grande, dos parques, un centro de salud... Pero no hay muchos colegios ni tampoco tiendas suficientes.
Entrevistadora: ¿Tienen problemas de ruido?
Tona: No, la verdad, porque casi no hay bares. Hay dos cerca de casa, pero cierran a las diez, así que no hay problema.
Entrevistadora: Muy bien, muchas gracias.

Grabación ㊹

Locutora: A continuación, les ofrecemos la previsión del tiempo para hoy, 15 de junio. En el sur siguen el calor y los cielos despejados, con temperaturas máximas de unos 35 grados en el interior de Andalucía y unos 25 en la zona oeste. En el centro de la Península y en la Comunidad Valenciana, tenemos sol y temperaturas suaves, en torno a los 25 grados. En la zona noroeste peninsular, en Galicia y Asturias, se esperan cielos nubosos y algunas lluvias, pero con temperaturas suaves. En el noreste, en Cataluña, puede haber nubes, pero con poca probabilidad de lluvia.

Grabación ㊺

1. **Celia:** Perdona, ¿sabes dónde está la calle Mayor?
   Marisa: Sí, está muy cerca, a unos doscientos metros. Sigue esta calle todo recto y gira la primera a la derecha al llegar a un supermercado. Esto... no, no, perdona, es la segunda a la derecha, es una calle muy larga...

Celia: Vale, entonces, sigo esta calle y, después del supermercado, giro la segunda a la derecha, ¿verdad?
Marisa: Sí, eso es.
Celia: Gracias.
Marisa: De nada.
2. **Tomás:** Perdone, ¿para ir a la parada de metro?
Sebastián: Sí, mire, siga hasta la plaza, y ahí está la parada, a unos ciento cincuenta metros.
Tomás: Muchas gracias.
Sebastián: De nada.
3. **Elena:** Perdona, ¿la calle Cervantes es esta?
Luis: No, no es esta. Para ir a la calle Cervantes, coge la segunda a la derecha. Y en el cruce, pregunta.
Elena: ¿Está muy lejos?
Luis: No, pero allí te explicarán mejor el camino.
Elena: Gracias.
Luis: De nada, adiós.

Grabación 46

1. calor
2. abril
3. este
4. sur
5. octubre
6. tormenta
7. sol
8. tiempo
9. atmosférico
10. primavera

Grabación 47

1. hospital
2. parque
3. semáforo
4. parada
5. supermercado
6. banco
7. verano
8. cine

Unidad 8

Grabación 48

Carlos: ¿Que qué hago un domingo normal? Bueno, ahora, en invierno, en casa nos levantamos más tarde que entre semana, cuando se despierta mi hijo pequeño, sobre las nueve y media o las diez. Luego desayunamos todos juntos, tranquilamente. Y después, depende, si hace buen tiempo, vamos a montar en bicicleta por un parque que hay cerca de casa. Otras veces vamos a ver alguna exposición o quedamos con amigos que también tienen niños pequeños. Casi siempre comemos en casa, pero a veces vamos a comer a casa de mis suegros. Y por la tarde, normalmente nos quedamos en casa. Escuchamos música, los niños juegan un rato y hacen los deberes... Y nada más, cenamos y nos acostamos temprano. Los niños, a las ocho y media; mi mujer y yo, a las diez y media o las once.
Rosa: Pues yo los domingos siempre me levanto muy tarde porque casi todos los sábados por la noche salgo a cenar con amigos o a tomar una copa. Entonces, los domingos, me levanto tarde, a las once u once y media. Luego voy a comprar el periódico y a dar un paseo o voy a desayunar a un bar que hay cerca de casa. Después ordeno un poco la casa, leo el periódico y sobre las dos y media como algo ligero: una ensalada y fruta, por ejemplo. Por la tarde, normalmente, hago algo de deporte: voy a correr o a nadar a la piscina. También veo un rato la tele, sobre todo si hay fútbol, que me gusta mucho. Y siempre ceno en casa, porque normalmente me acuesto temprano.

Grabación 49

1. **Ángeles:** Buenos días. ¿El señor Calvo, por favor?
Secretaria: En este momento no se puede poner. ¿Quiere dejarle un mensaje?

Ángeles: Sí, por favor, dígale que ha llamado Ángeles Ruiz, de Comersa.
Secretaria: Muy bien, yo se lo digo.
Ángeles: Gracias.
2. **Camarero:** Restaurante Zarauz, ¿dígame?
Inmaculada: Buenos días. Quería reservar una mesa para dos personas.
Camarero: ¿Para cuándo?
Inmaculada: Para el sábado a las nueve y media.
Camarero: ¿A qué nombre?
Inmaculada: Inmaculada Pelayo.
Camarero: De acuerdo. Queda reservada.
Inmaculada: Muchas gracias.
3. **Recepcionista:** Consulta del doctor Leal. ¿Dígame?
Eugenia: Buenas tardes. Quería pedir hora con el doctor.
Recepcionista: ¿El día tres de abril a las cuatro de la tarde le viene bien?
Eugenia: Sí, perfecto. El día tres a las cuatro de la tarde.
Recepcionista: ¿Me dice su nombre, por favor?
Eugenia: Sí, Eugenia Carrión.
Recepcionista: Muchas gracias.
Eugenia: A usted, buenas tardes.
4. **Quini:** ¿Dígame?
Antonio: ¿Está Isabel?
Quini: No, se ha equivocado.
Antonio: ¡Ah! Perdone.
Quini: Nada, nada.
5. **Claudia:** ¿Sí?
Alberto: Hola. ¿Está Begoña, por favor?
Claudia: No, Begoña no está, ha salido.
Alberto: ¿Puede decirle que la ha llamado Alberto?
Claudia: Sí, sí, yo se lo digo.
6. **Isabel:** ¿Diga?
Luis: Por favor, ¿está Cristina?
Isabel: ¿De parte de quién?
Luis: De Luis.
Isabel: Un momento, ahora se pone.
Luis: Gracias.

Grabación 50

1. lunes
2. escritor
3. planta
4. mapa
5. tranquilo
6. cocina
7. sábado
8. libro
9. botella
10. amigo

Grabación 51

1. puerta
2. poeta
3. caer
4. invierno
5. ahora
6. cien
7. teatro
8. euro
9. Suiza
10. real
11. aire
12. reina
13. veinte
14. estudiáis
15. agua

Unidad 9

Grabación 52

Sara: Mi novio es muy optimista. Es una persona muy divertida y bastante sociable. No es nada tímido.
Mercedes: Mi jefe se llama Enrique y es un hombre muy trabajador, muy inteligente, bastante responsable, comunicativo y muy ordenado, pero un poco impaciente.
Julián: Miguel, mi hijo, es muy creativo, bastante independiente, pero también es algo tímido y un poco nervioso. Y es muy generoso.

Grabación 53

Miguel: Bueno, ¿seguimos?
Clara: Sí, venga.
Miguel: Concha, mi tía.
Clara: Uf, qué difícil...
Miguel: Yo creo que se puede sentar con Pepe y Merche. ¿Sabes quiénes son?
Clara: Sí, los amigos de tus padres, ¿no?
Miguel: Sí, justo. Mira, a Merche le encanta hacer manualidades y a mi tía también. Pepe tiene mucho sentido del humor, sabe contar unos chistes muy buenos y mi tía es una persona muy alegre. Además, Merche sabe cocinar muy bien, y mi tía también cocina muy bien, le gusta mucho. Seguro que tienen de qué hablar.
Clara: Pues ya está. Concha, Merche y Pepe. A ver, podíamos sentar en la misma mesa a unos amigos de mis padres, Azucena y Luis. Lo que pasa es que Luis es muy serio y tiene muy poco sentido del humor.
Miguel: No sé, yo no los conozco. Tú decides...
Clara: Bueno, Azucena es muy simpática, un poco habladora, sí, pero yo creo que pueden estar muy bien con tu tía, Merche y Pepe.
Miguel: Estupendo, entonces, Luis y Azucena con Concha, Merche y Pepe. Seguimos. Vamos a ver... Alfredo, Julián y Agustín.
Clara: ¿Vienen solos?
Miguel: Sí, vienen sin acompañante.
Clara: Ya está. En la mesa de Camilla y Sarah. Porque ellos saben hablar inglés, ¿no?
Miguel: Sí, sí, hablan muy bien. De todas formas, Camilla y Sarah también hablan bien español. Oye, todos trabajan en el mismo campo, ¿no?
Clara: Sí, Camilla y Sarah trabajan en un despacho de abogados.
Miguel: De acuerdo. Además mis amigos bailan muy bien.
Clara: Bueno, que yo sepa, Camilla y Sarah no saben bailar, pero bueno...
Miguel: No importa, se lo van a pasar muy bien, ya verás. Alfredo, Julián y Agustín tienen mucho sentido del humor, sobre todo Agustín.
Clara: ¡Perfecto! Entonces, Sarah, Camilla, Alfredo, Julián y Agustín. Y ahora...

Grabación 54

1. **Ana:** Disculpe, por favor, ¿puede ayudarme con la maleta?
   Jesús: Sí, claro.
2. **Félix:** ¿Puedes prestarme el diccionario un momento, por favor?
   Carmen: Lo siento, pero es que ahora lo estoy utilizando.
   Félix: Bueno, no pasa nada.
3. **Pedro:** ¿Puede darme un folleto con las actividades del museo, por favor?
   Santiago: Sí, por supuesto.
4. **Lucas:** Por favor, ¿puede darme un vaso de agua?
   Lourdes: Sí, claro. Aquí tiene.
5. **Emma:** ¿Puedes dejarme un bolígrafo, por favor?
   Leandro: Un momento, voy a ver si tengo otro. Sí, mira, tengo este, pero es rojo.
   Emma: No importa. Muchas gracias. Después de la clase te lo devuelvo.
6. **Gabriela:** ¿Qué te pasa?
   Blanca: Es que tengo mucho trabajo.
   Gabriela: ¿Te ayudo?
   Blanca: Ay, sí, muchas gracias.

Grabación 55

1. ¿Has perdido alguna vez algo importante?
2. Jaime y yo hemos estado tres veces en París.
3. ¿Habéis visto *Casablanca*, la película de Bogart?
4. Mi madre ha escrito varios libros de viajes.
5. No he estado nunca en Brasil.
6. Agustín y Blanca han hecho un viaje por el Caribe.
7. ¿Habéis cambiado muchas veces de casa?
8. Mis hijos siempre han sido muy buenos estudiantes.

Grabación 56

1. ¡Tiene miedo!
2. ¿Tiene miedo?
3. Tiene miedo.

Grabación 57

1. ¿No estás nerviosa?
2. ¿Habéis estado en Australia?
3. Nunca ha montado en avión.
4. ¡Se ha casado cinco veces!
5. ¡Han roto el aparato de música!
6. Estáis muy cansados.

Grabación 58

1. ¿Sabe cocinar?
2. No tienes sentido del humor.
3. ¡Han suspendido el examen!
4. Es un chico muy tímido.
5. ¡Es muy simpático!
6. ¿Nunca has probado la comida japonesa?
7. ¿Todavía no habéis llamado a Julia?
8. Son muy desordenados.

Grabación 59

1. toalla
2. yate
3. medalla
4. yogur
5. paella
6. mayonesa
7. calle
8. apellido
9. mayúscula
10. ayuda
11. castillo
12. lleno

Grabación 60

Emilia: ¿Sabes, Marga? He empezado a ir al gimnasio.
Marga: ¡Qué bien! ¡Por fin te has decidido! ¿Y qué tal?
Emilia: Muy bien. Estoy encantada. Voy dos veces por semana, de ocho a nueve, después del trabajo; los martes y los jueves.
Marga: ¿Y qué tal?
Emilia: Muy bien. He aprendido a hacer ejercicios de relajación y me gusta mucho.
Marga: ¿Hacen gimnasia?
Emilia: Sí, pero no gimnasia con aparatos. Tenemos una profesora que nos va indicando qué ejercicios tenemos que hacer. Hacemos media hora de gimnasia y media de natación.
Marga: ¡Qué bien!
Emilia: Y los que no saben nadar muy bien, hacen ejercicios para mejorar su estilo.
Marga: Pues eso me interesa, porque yo sé nadar, pero no muy bien. ¿Sabes si hay clases por la tarde?
Emilia: Sí, creo que son de siete y media a nueve y media de la noche.
Marga: Pues a ver si me acerco un día y me apunto.
Emilia: Claro, anímate, así iríamos juntas a clase.

Unidad 10

Grabación 61

1. **José Luis:** A mí, este verano, me gustaría ir a Laponia.
   Arancha: ¿A Laponia? María estuvo hace unos años.
   José Luis: ¿Y qué tal?
   Arancha: Fatal. Según me contó, fue un viaje horrible: muy mal organizado.
2. **Gema:** Y vosotros, Lola, ¿dónde fuisteis de viaje de novios?
   Lola: Fuimos a Kenia.
   Gema: ¡A Kenia! ¿Y qué tal?
   Lola: Maravilloso. Fue un viaje inolvidable.
3. **Alberto:** El domingo estuvimos comiendo en Casa Vallecas.
   Julio: ¿Y qué tal?
   Alberto: Muy bien. Fue una comida estupenda. Nos encantó.
4. **Victoria:** ¿Has visto la exposición de la Fundación Arte?
   Sebastián: Sí, estuve hace un par de fines de semana.
   Victoria: ¿Y qué tal?
   Sebastián: Uf, regular. Algunos cuadros me encantaron, pero, en general, no me gustó mucho.

Grabación 62

1. Llego todos los días al trabajo sobre las ocho.
   Mi marido llegó ayer a casa a las nueve de la noche.
2. Hablo un poco de portugués.
   El otro día Miguel habló con su jefe.
3. Ana, mira, te presento a Cati, mi hermana.
   El sábado Cristina nos presentó a su novio.
4. Normalmente ceno muy poco: una ensalada y fruta.
   Ayer mi hija cenó mucho y luego no durmió bien.
5. A mi madre, siempre le llevo unas flores.
   Marisa fue a ver a su tía y le llevó unas flores.
6. Ahora trabajo por la mañana y estudio por la tarde.
   Hugo estudió dos años en Londres.

Grabación 63

1. **M.ª José:** Juana, me han dicho que el domingo fue tu cumpleaños. ¡Muchas felicidades!
   Juana: Sí, gracias. He traído unos pasteles. Coge uno, anda.
   M.ª José: ¡Gracias! Oye, cuéntame, ¿qué tal la celebración?
   Juana: Bueno, normal. Hice una comida con la familia, vamos, lo típico.
   M.ª José: ¿Pero os lo pasasteis bien?
   Juana: Sí, fue divertido, pero nada especial, lo de todos los años.
2. **Juan:** María, Julián y tú estuvisteis en Praga el año pasado, ¿verdad?
   María: Sí, estuvimos en primavera. Y nos encantó. Es una ciudad preciosa. ¿Vais a ir?
   Juan: Sí, vamos el fin de semana que viene.
   María: Pues seguro que os gusta. El único problema es que siempre hay muchos turistas.
3. **Rafa:** Y tú, Rosa, ¿qué tal el fin de semana?
   Rosa: Uf, regular... porque estuvo lloviendo todo el fin de semana. Hizo mucho frío, así que no salimos. Estuvimos en casa sin hacer nada.
4. **Luis:** ¿Qué tal ayer en Barcelona?
   Clara: Regular, la verdad...
   Luis: ¿Ah, sí? ¿Y eso?
   Clara: No sé, pero, de repente, surgieron muchos problemas, y por la tarde tuvimos una reunión que resultó muy complicada, muy tensa y larguísima. Perdimos el avión y tuvimos que esperar dos horas en el aeropuerto. Llegamos a la una de la madrugada... Estoy agotada.

Unidad 11

Grabación 64

Locutor: Hoy tenemos la suerte de poder hablar con Alejandro Panza, un gran músico que seguro que todos nuestros oyentes conocen. Bienvenido, Alejandro, ¿qué tal?
Alejandro: ¡Hola! Pues encantado de estar con vosotros.
Locutor: Yo te sigo desde tus inicios como cantante y a lo largo de estos años tu estilo ha cambiado mucho, ¿verdad?
Alejandro: Pues sí... Acuérdate de los 70. Era la primera época del *rock* duro.
Locutor: ¿Qué recuerdos tienes de entonces?
Alejandro: Muy buenos, la verdad es que fue una buena época. Yo cantaba y tocaba la guitarra en los *Escarabajos Verdes*, así se llamaba el grupo. Tocábamos *rock* duro, *heavy metal* y cantábamos en inglés porque pensábamos que vendía más. Y, claro, llevábamos cazadoras de cuero, ropa negra, el pelo largo...
Locutor: Erais muy buenos, recuerdo que vendíais muchos discos. Pero después hubo unos años en los que no supimos nada de vosotros.
Alejandro: Sí, el grupo se disolvió, porque teníamos gustos musicales distintos y queríamos hacer otras cosas.
Locutor: Y después apareciste otra vez, con un gran cambio en tu música. ¿Puedes comentarlo?
Alejandro: Sí, claro. En los 80 monté un grupo de *rock*, se llamaba *Los de aquí*. Era un *rock* más clásico, más puro. Cantábamos en español y las letras de las canciones eran muy divertidas. Hacíamos muchos conciertos y lo pasábamos muy bien.
Locutor: Y, otra vez, un cambio de aspecto...
Alejandro: Uy, sí. Llevábamos la ropa que estaba de moda entonces, de muchos colores. Y el pelo corto. Vamos, todo lo contrario a la época anterior.
Locutor: Y después, ¿qué pasó? Porque has estado más de cinco años sin sacar un disco ni hacer conciertos.
Alejandro: Nada, que necesitaba un descanso. Estuve mucho tiempo viajando y conociendo otros tipos de música, experimentando...
Locutor: Ahora has sacado el segundo disco con tu grupo, *La hormiga*, con un estilo totalmente distinto. ¿Por qué este cambio?
Alejandro: Bueno, ahora soy más mayor... He descubierto la música electrónica y ahora me dedico a componer y a tocar con mi grupo: *La hormiga*. Hacemos música instrumental. Pero no he cambiado tanto, ahora me visto otra vez de negro.
Locutor: ¿Cuándo podremos escuchar vuestro nuevo disco?
Alejandro: Pues si no me equivoco, sale a la venta a finales de mes. ¡Esperamos que os guste!
Locutor: Seguro que sí. Muchas gracias por haber venido, Alejandro. Ha sido un placer tenerte hoy con nosotros. Y mucha suerte con el disco.
Alejandro: Gracias a vosotros.

Grabación 65

Sonia: Te veo triste... Qué mala cara tienes, Laura, ¿qué te pasa?
Laura: Sí, estoy fatal, la verdad. Es que creo que Felipe y yo nos vamos a separar.
Sonia: ¿De verdad? Yo creía que estabais muy bien.
Laura: Antes sí, pero llevamos dos años con problemas. Felipe trabaja mucho más que antes. Yo también trabajo mucho, pero intento organizarme para estar con mi familia. Pero él, nada: solo piensa en el trabajo. Además, los niños necesitan más atención que antes, están en una edad difícil, en plena adolescencia, y hay que dedicarles más tiempo, hablar con ellos...

Sonia: Uy, chica, te veo muy triste.

Laura: Sí, es que de jóvenes teníamos tantos planes... Íbamos a ser mejores padres que nadie, mejor pareja que nadie, más organizados que los demás. Pensábamos que no íbamos a cambiar tanto como otras parejas.

Sonia: Pero, Laura, ¿tú lo quieres?

Laura: Sí, mucho.

Sonia: ¿Entonces?

Laura: No sé... ¿Tú crees que podemos volverlo a intentar?

Sonia: Yo creo que sí. Vamos, yo no conozco pareja más estupenda que vosotros. A lo mejor es solo una crisis.

Laura: No sé, quizá. ¿Quién sabe? Igual tienes razón.

Grabación 66

1. cuchara	5. Chile
2. derecha	6. ficha
3. chimenea	7. escuchar
4. chorizo	8. chaqueta

Unidad 12

Grabación 67

Entrevistadora: Elena, hábleme usted de su experiencia profesional.

Elena: En el año 2004 acabé la carrera y ese verano trabajé como becaria en el departamento de *marketing* de la empresa eléctrica Watts.

Entrevistadora: ¿Cuál era su función exactamente?

Elena: Ayudaba al jefe de *marketing* en una promoción de captación de nuevos clientes que realizamos en los meses de verano.

Entrevistadora: Ah, sí, muy bien. Continúe, por favor.

Elena: Sí, en el año 2005 trabajé haciendo prácticas en el departamento de atención al cliente del hospital La salud. Y el verano pasado viajé a Ecuador y Bolivia para trabajar como cooperante en un proyecto de cultivos ecológicos.

Entrevistadora: ¿Y por qué se ha interesado usted por este puesto de trabajo?

Elena: Principalmente porque he estudiado la especialidad de *marketing*, pero también porque me gustaría mucho desarrollar una carrera internacional y salir al extranjero.

Entrevistadora: De acuerdo. Pues muchas gracias, Elena. Quiero decirle que ha superado usted la entrevista con el departamento de personal. La próxima entrevista la tendrá la semana próxima con el jefe del departamento de *marketing*.

Elena: Muchas gracias.

Entrevistadora: A usted. Adiós, buenas tardes.

Elena: Adiós.

Grabación 68

Alberto: Durante las dos primeras semanas tienes que conocer todos los departamentos de la empresa. No tienes que conocer a todo el mundo, pero sí es importante que sepas cómo está organizada la empresa desde el principio.

Elena: Sí, claro.

Alberto: Al director de *marketing* ya lo conoces, ¿verdad?

Elena: Sí. Me entrevistó hace unos días y he tenido una reunión con él esta semana.

Alberto: De acuerdo. Ah, debes ser puntual, aquí son muy exigentes con eso.

Elena: Vale, no hay problema. Normalmente nunca llego tarde.

Alberto: A ver, más cosas... Sí, mira, tienes que visitar a los principales clientes de la empresa, pero, tranquila, porque no tienes que presentar resultados hasta el final del segundo semestre. Puedes conocerlos poco a poco.

Elena: Bien.

Alberto: Ah, y también tienes que crearte tu dirección de correo. Habla con Diego, de informática, para que lo prepare lo antes posible. Es la extensión 9565.

Elena: Lo apunto, un momento. Diego, 9565. Ya está. ¿Qué más?

Alberto: Bueno, esto es todo, de momento. Oye, y no te preocupes, que ya irás conociendo la empresa poco a poco. No te pongas nerviosa y pregunta todo lo que necesites, ¿de acuerdo?

Elena: Sí, gracias, Alberto.

Alberto: De nada, Elena. Y bienvenida.

Grabación 69

1. Ana – ama	6. caña – cama
2. maná – mamá	7. nulo – mulo
3. mano – maño	8. nido – mido
4. loma – lona	9. rana – rama
5. remo – reno	10. pena – peña

Grabación 70

1. Ana	6. caña
2. mamá	7. nulo
3. mano	8. mido
4. lona	9. rama
5. reno	10. peña

Answer key

Unidad 0

1.a
Dubois, Caroline
Doherty, Robert
Durão, Hugo
Siepi, Luigi
Harada, Naoko

1.b
Caroline Dubois es de Francia y vive en Lyon.
Hugo Durão es de Brasil y vive en São Paulo.
Robert Doherty es de Irlanda y vive en Londres.
Luigi Siepi es de Italia y vive en Roma.
Naoko Harada es de Japón y vive en Tokio.

1.c
Italia: italiano, italiana
República Checa: checo, checa
Brasil: brasileño, brasileña
Canadá: canadiense
Irlanda: irlandés, irlandesa
Austria: austriaco, austriaca
Estados Unidos: estadounidense
Alemania: alemán, alemana

2
1-b; 2-a; 3-e; 4-c; 5-d.

3.a
1. (tú) te llamas
2. (yo) me llamo
3. (tú) eres
4. (yo) voy
5. (ella) vive
6. (tú) estudias
7. (él) es
8. (ella) se llama
9. (yo) vivo
10. (él) escribe
11. (tú) hablas
12. (yo) estudio

4.a
1. ¿Te llamas Juan?
2. ¿Cómo se llama tu profesora?
3. ¿Qué lenguas hablas?
4. ¿Cómo se llama esto en español?
5. ¿Para qué estudias español?
6. ¿Eres Isabel?
7. ¿Dónde vives?
8. ¿Cómo se escribe tu nombre?
9. ¿Qué significa *aula*?
10. ¿De dónde eres?

5
la paella: española
la *pizza*: italiana
el *sushi*: japonés
el cuscús: marroquí
el vodka: ruso
la samba: brasileña
el fado: portugués
el tango: argentino
la cerveza Guinness: irlandesa
el queso Roquefort: francés

6.a

```
O   P   I   Z   A   R   R   A   F   E   O
W   S   I   L   L   A   M   L   M   F   P
R   S   R   G   T   X   O   O   C   C   A
V   L   Á   P   I   Z   C   N   E   U   P
R   Z   N   R   A   M   H   U   G   I   E
B   O   L   Í   G   R   A   F   O   E   L
A   S   D   E   T   L   L   I   M   D   E
O   N   R   E   D   A   U   C   A   S   R
R   U   I   S   E   G   T   J   A   T   A
C   B   O   R   R   A   D   O   R   U   A
L   O   S   U   E   R   V   U   I   I   L
R   O   T   U   L   A   D   O   R   W   R
E   R   O   R   D   E   N   A   D   O   R
```

7
1. las mochilas
2. la mesa
3. el póster
4. los libros
5. el cuaderno
6. la goma
7. el diccionario
8. el papel
9. el rotulador
10. las sillas
11. la profesora
12. la pizarra
13. el ordenador
14. el móvil
15. los bolígrafos
16. los compañeros
17. el estuche
18. la papelera

8.a
1. Karen, Said y Damon.
2. Son sus apellidos.
3. Del Reino Unido, Marruecos y Estados Unidos.
4. En Hasting, Barcelona y Nueva York.
5. Said.
6. Para hacer un máster en España.
7. Said.

9
1. ¡Hola! Buenos días.
2. ¡Hasta mañana!
3. ¡Hola! ¿Qué tal?
4. ¡Buenas noches!

10
1. Hasta mañana.
2. Hasta luego.
3. ¿Cómo estás?
4. Hasta luego.
5. Hasta mañana.
6. ¡Muy bien! ¿Y tú?

12
1. London: Londres
2. New York: Nueva York
3. Paris: París
4. Dublin: Dublín
5. Beijing: Pekín
6. Genève: Ginebra
7. Milano: Milán
8. New Delhi: Nueva Delhi
9. Firenze: Florencia
10. München: Múnich

13
1. Chile
2. Bolivia
3. Ecuador
4. Honduras
5. Cuba
6. Uruguay
7. Colombia
8. Argentina

14
1. ¿Cómo se llama esto en español?
2. ¿Eres portugués?
3. *Thank you* se dice *gracias* en español.
4. ¿Marysse se escribe con dos eses?
5. Vives en Nueva York.
6. ¿Qué significa *despedirte*?
7. El español se habla en muchos países.
8. ¿De dónde eres?
9. Vivianne se escribe con uve y con dos enes.
10. ¿Dónde vive Ludovic?

Self-assessment

1
Nacionalidad: brasileño
Lugar de residencia: São Paulo
Lenguas que habla: portugués y español
¿Para qué aprende español?: Para viajar y para trabajar.

Nacionalidad: italiano
Lugar de residencia: Roma
Lenguas que habla: italiano, inglés y español
¿Para qué aprende español?: Para viajar.

2
1. pizarra
2. casa
3. escuela
4. mochila
5. cuaderno
6. japonés

3
1-b; 2-c; 3-a; 4-a; 5-b; 6-c.

Unidad 1

1
arquitecto; vendedor; ingeniero; dentista; profesor; abogado; médico; estudiante.

2a
1. Se llama Mario, se apellida Vargas Llosa y es escritor.
2. Se llama Alejandro, se apellida Amenábar y es director de cine.
3. Se llama Javier, se apellida Bardem y es actor.
4. Se llama Shakira Isabel, se apellida Mebarak y es cantante.
5. Se llama Fernando, se apellida Botero y es pintor y escultor.
6. Se llama Montserrat, se apellida Caballé y es cantante de ópera.
7. Se llama Salma, se apellida Hayek y es actriz.
8. Se llama Juan Carlos, se apellida Ferrero y es deportista.

3
Misako: Es médica.
Flavio: Es dentista.
Alan: Es profesor de inglés.

4
me apellido; te dedicas; estudio; tienes; hablas; Hablo; es.

5a
Christian escribe para saber qué actividades ofrece la escuela.

5b
Verbos que terminan en -AR: llamarse; hablar; estudiar; solicitar.
Verbos que terminan en -ER: leer; tener.
Verbos que terminan en -IR: vivir; escribir.

5c

	ESTUDIAR	LEER	ESCRIBIR
(yo)	estudio	leo	escribo
(tú)	estudias	lees	escribes
(él, ella, usted)	estudia	lee	escribe

6a
1-a; 2-c; 3-b; 4-a.

7
1. ¡Hola! ¿Cómo te llamas?
2. ¿Es usted inglés?
3. ¡Hola! ¿Qué tal?
4. Perdona, ¿puedes repetir?

8
Este; este; Esta; esta.

9a
Nombre: Catherine
Apellidos: Bledsoe
Fecha de nacimiento: 6-7-1951
Dirección: c/ Aguirre, n.º 9
Ciudad: Madrid
Código postal: 28009
País: España
Teléfono: 91 581 46 46
Correo electrónico: cathy@madrid.es

10

	Tú	Usted
1. ¿Cómo te llamas?	X	¿Cómo se llama?
2. ¿Se apellida Bledsoe?	¿Te apellidas Bledsoe?	X
3. Por favor, ¿cuál es su número de teléfono?	Por favor, ¿cuál es tu número de teléfono?	X
4. Encantado de conocerlo.	Encantado de conocerte.	X
5. ¿Cuál es tu fecha de nacimiento?	X	¿Cuál es su fecha de nacimiento?

	Tú	Usted
6. Es de Michigan, ¿verdad?	Eres de Michigan, ¿verdad?	X
7. ¿Puede repetir?	¿Puedes repetir?	X
8. ¿A qué te dedicas?	X	¿A qué se dedica?

11a
1. Treinta por tres más dos = noventa y dos
2. Seis más ocho más doce = veintiséis
3. Diez por siete más uno = setenta y uno
4. Sesenta más cinco menos dos = sesenta y tres
5. Treinta entre dos = quince

12
1. 77   4. 76   7. 28
2. 15   5. 65   8. 7
3. 97   6. 50   9. 56

13
1. ¿Cuándo es tu cumpleaños?
2. ¿Cuál es tu número de teléfono móvil?
3. ¿Cuál es tu dirección de correo electrónico?
4. ¿Qué día es el cumpleaños de Didier?
5. ¿Cuál es su fecha de nacimiento?
6. ¿Cuántas páginas tiene el libro de español?
7. ¿Cuántos estudiantes hay en tu clase?

14
Gudrun Caspar
c/ Cuarta, n.º 12, 1.º derecha
28012 Madrid

Wolfgang Straub
Avda. de la Paz, n.º 24, 6.º izquierda
28033 Madrid

Karsten Rincke
Pza. del Alamillo, n.º 9, 7.º izquierda
28002 Madrid

Thomas Warnecke
c/ Jarama, n.º 19, 1.º derecha
28033 Madrid

15b
1. Esta es la primera unidad del cuaderno de ejercicios.
2. Abril es el cuarto mes del año.
3. El español es la tercera lengua más hablada en el mundo, después del inglés y del chino.

17b **The spelling of letters c, q and k**
In Spanish, the /k/ sound is represented by:
– the letter q + u, followed by vowels e, i.
– the letter c followed by vowels a, o, u.
– the letter k in words from other languages and in words beginning with kilo-.

17c
CA: casa; catorce; calle.
CO: compañero; colegio; consonante.
CU: cuarto; cuatro; cuándo; cuál; cuarenta.
QUE: qué.
QUI: quince; quién.

Self-assessment

1
1. Clases de español, un ciclo de cine, visitas guiadas a los museos de la ciudad y cursos de literatura.
2. Sí.
3. Un máximo de ocho.
4. Sí.
5. Sí. www.hablamos.es
6. Sí.

Unidad 2

1 Escuchar: un diálogo; un texto; una palabra; una oración.
Mirar: un dibujo; una foto.
Relacionar: dos columnas; palabras y dibujos.
Leer: el libro; un diálogo; una palabra; un texto; una oración.
Abrir: el libro.
Escribir: un diálogo; una palabra; un texto; una oración.
Completar: un diálogo; una palabra; un texto; una oración; una tabla; un dibujo.
Subrayar: una palabra; una oración; un texto.

2a T: 2.
F: 1; 3; 4; 5; 6.

3a **Expressing obligation: *hay que/tener que***
– When expressing obligation in a general sense, we use *hay que* + infinitive.
– When expressing obligation as something personal and we specify who we are addressing, we use *tener que* + infinitive.

4a 1-c; 2-f; 3-a; 4-e; 5-d; 6-b.

5b T: 3; 4; 5.
F: 1; 2.

6a Escribe sobre la rutina de Lola y su familia.

6b puedo: poder
empiezo: empezar
tienen: tener
juegan: jugar
pides: pedir

6c

PRESENTE: VERBOS IRREGULARES		
e → ie	**o → ue**	**e → i**
EMPEZAR	**PODER**	**PEDIR**
(yo) empiezo	puedo	pido
(tú) empiezas	puedes	pides
(él, ella, usted) empieza	puede	pide
(nosotros/as) empezamos	podemos	pedimos
(vosotros/as) empezáis	podéis	pedís
(ellos/as, ustedes) empiezan	pueden	piden

7

8a 1. Es la una y media.
2. Son las nueve (en punto).
3. Es la una menos veinte.
4. Son las ocho y veinticinco.
5. Son las seis y cuarto.
6. Son las once menos cuarto.
7. Son las dos y media.
8. Son las siete y diez.

8c ¿Tiene(s) hora?   ¿Qué hora es?   ¿Qué hora tiene(s)?

11 **Punctuation marks**
We use the **comma**/**coma** (,):
–To separate the items on a list. For example: no 5.
– After the name of the person we are addressing. For example: no 4.
– To indicate an explanation in a sentence. For example: no 2 and no 3.
We use the **full stop**/**punto** (.):
– To separate sentences. After the full stop we always use capital letters. We use the **full stop** (**no new paragraph**)/**punto y seguido** when we are still referring to the same topic, idea or subject. For example: no 1.
– We use the **full stop** (**new paragraph**)/**punto y aparte** to change topic, idea or subject.
– We always use a **full stop**/**punto final** to end a text.

Self-assessment

1 T: 1; 3; 4.
F: 2; 5.

2 1-b; 2-b; 3-c; 4-c; 5-a; 6-c.

Unidad 3

1 soy: ser
doy: dar
estoy: estar
salgo: salir
vengo: venir
tengo: tener
digo: decir
hago: hacer

2

	SER	IR
(yo)	soy	voy
(tú)	eres	vas
(él, ella, usted)	es	va
(nosotros/as)	somos	vamos
(vosotros/as)	sois	vais
(ellos/as, ustedes)	son	van

3
```
            7           10
1 P U E D E     8     V
          R     D     A
  2 P A R E C E I S
        6   S   C
        T       I
3 Q U I E R E S
        E
4 T E N G O     9
        E           E
  5 S O M O S
```

4a Hablan del novio de Begoña.

4b Fotografía n.º 3.

5 En el dibujo de la derecha:
– Jaime tiene el pelo rizado.
– Arturo no tiene/lleva gafas.
– Arturo no tiene/lleva barba.

– Arturo tiene/lleva bigote.
– Carmela es morena.
– Carmela es alta.
– Maite tiene/lleva el pelo largo.
– Sonia tiene/lleva el pelo corto.

6.a
1. Ana tiene los ojos marrones y el pelo largo, castaño y muy rizado. Es bajita y lleva gafas.
2. Quiere quedar en el bar que está a la salida de la estación de Atocha, a la izquierda.
3. Quiere quedar a las diez y media.

7.a

7.b
1. Anabel es la mujer de Nacho.
2. Paco es el marido de Rosario.
3. Rosario es la cuñada de Marisol.
4. Rosario y Paco tienen dos hijas.
5. Nicolás es el hermano de Sara.
6. Vicente y Marisol son los abuelos de Sara y Nicolás.
7. Marta es prima de Nacho.

8 tus; tu; mi; su; sus.

9
1. ¿Quiénes son tus padres?
2. ¿Quién es esta chica?
3. Tu marido, ¿quién es?
4. ¿Quiénes son los hermanos de Alberto?
5. No conozco a esa señora... ¿Quién es?
6. ¿Quiénes son los amigos de Rosa?

11.b T: 3.   F: 1; 2; 4.

12.b T: 1; 3; 5; 6; 8.   F: 2; 4; 7.

13.b
1. Doce.
2. Doce uvas, una con cada campanada.
3. No, cenan con la familia y después van a una fiesta y otros pasan esa noche con sus amigos.

14.b Palabras con *c:* aceptar; decir; felicitar; hacer; ocio; parecer.

Palabras con *z:* aprendizaje; marzo; rizado; Venezuela.

14.c **The spelling of letters *c* and *z***

In Spanish, the sound /θ/ is represented by:
– the letter *c* followed by vowels *e, i*.
– the letter *z* followed by vowels *a, o, u*.

14.d C: francés; pronunciación; aceite; cero; conversación; ejercicio.
Z: Suiza; plaza; pizarra; abrazo.

Self-assessment

1
1. aburrido
2. cumpleaños
3. vago
4. pie
5. uvas
6. novio
7. No puedo

2 Fotografía n.º 1.

3 1-a; 2-b; 3-c; 4-a; 5-b; 6-c.

Unidad 4

1.a un vestido; unos pantalones; una blusa; un abrigo; una cazadora; una falda; un jersey; unas botas; una chaqueta.

1.b
1. Sí, lo compran.
2. No, no los compran.
3. No, no la compran.
4. No, no lo compran.
5. No, no la compran.
6. Sí, la compran.
7. No, no las compran.
8. Sí, la compran.

3.a T: 1; 2; 3.   F: 4; 5; 6.

4.a Fotografía n.º 1: diálogo 2
Fotografía n.º 2: diálogo 3
Fotografía n.º 3: diálogo 1

4.b
1. La mujer prefiere las tiendas pequeñas por la relación con los dependientes.
2. El hombre prefiere los grandes almacenes por los horarios.
3. La chica prefiere los centros comerciales porque son más cómodos.

5.a

	QUERER	PREFERIR	CERRAR
(yo)	quiero	prefiero	cierro
(tú)	quieres	prefieres	cierras
(él, ella, usted)	quiere	prefiere	cierra
(nosotros/as)	queremos	preferimos	cerramos
(vosotros/as)	queréis	preferís	cerráis
(ellos/as, ustedes)	quieren	prefieren	cierran

5.b
1. Quieres; prefiero
2. Preferís; preferimos
3. quieres; prefiero; queréis
4. quieres; prefiere

6
1. 108,90 €
2. 500,80 €
3. 200,50 €
4. 105,99 €
5. 432 €
6. 16,40 €

7.a
1. El libro tiene quinientas páginas.
2. El frigorífico cuesta quinientos euros.

7.b
1. Trescientos kilómetros.
2. Doscientas personas.
3. Setecientas millas.
4. Novecientos treinta y cuatro euros.
5. Cuatrocientos dólares.
6. Ochocientos pesos.

7.c 1-c; 2-a; 3-d; 4-b; 5-e.

7.d Cero coma cinco kilómetros.
Doscientos cuarenta minutos.
Trescientos sesenta y cinco días.
Cuatrocientos ochenta segundos.
Mil metros.

8
1. Blanco
2. Naranja
3. Marrón
4. Rojo
5. Verde
6. Azul
7. Amarillo
8. Negro
9. Rosa

9.a Compra unos pantalones.

9.b 1-c; 2-g; 3-e; 4-b; 5-d; 6-a; 7-f.

10
1. ayudarla; probar; talla
2. me queda; necesito; me la llevo
3. cuánto cuesta
4. tarjeta

11.b
1. septiembre
2. hombre
3. séptimo
4. página
5. objeto
6. sobre
7. copa
8. cuerpo
9. despacio
10. pasta
11. buen
12. árbol

12
1. Por qué; Porque
2. Por qué; Porque
3. por qué; Porque
4. por qué; Porque
5. porque
6. Por qué; porque

Self-assessment

1
1-g; 2-e/o; 3-c; 4-ñ; 5-j; 6-i; 7-e/o; 8-f; 9-h; 10-k; 11-a;
12-m; 13-d; 14-b; 15-l; 16-n.

Unidad 5

1
1. (A mí) Me encantan las lentejas.
2. (A ti) Te gustan mucho las manzanas.
3. (A él, ella, usted) Le gusta bastante el queso.
4. (A nosotros/as) Nos gusta la pasta.
5. (A vosotros/as) No os gustan las sardinas.
6. (A ellos/as, ustedes) No les gusta nada la leche.

3.a
1. lata
2. caja
3. botella
4. bolsa
5. media docena
6. bote

3.b
kilo; un cuarto; un; tres.

4
ÑOFFÑGDPIXE**TENEDOR**CUCHOSDL**CUCHARA**TE
LASERVIETA**PLATO**REDONN**CUCHILLO**NBLSJ
EIA**SERVILLETA**ZOFMENMBASDIOQSLLIE**VASO**OA
ESJUQUE**COPA**ASNCPDOXNDLSAKRFDUOKVJNSC
JDLVCNSLAÑDEPO**MANTEL**PLEISSEF

5
1. Me gustan mucho estas copas.
   Sí, son muy bonitas.
2. ¿Vienes mucho a este restaurante?
   Sí, me gusta mucho. La comida es muy buena.
3. Tengo hambre... Quiero comer... ¡mucho y rápido!
   Entonces vamos a un restaurante que conozco que
   está muy cerca.
4. Voy a tomar solo un plato, el segundo. No quiero comer
   mucho.
   Pero es muy poco. ¿Y si pedimos también una
   ensalada para los dos?
5. No comes... ¿Es que no te gustan las lentejas?
   No, no mucho.

6.a
Deciden ir al asador Sobrino de Botín.

6.b
T: 1; 3. F: 2.

7.a
1. Dos.
2. Ensalada y sopa.
3. Filete con patatas y merluza a la romana.
4. Tarta de limón.
5. Vino y agua mineral.

8.a
Primeros: Consomé. Ensalada de la casa. Sopa de ajo.
Segundos: Merluza en salsa. Lasaña. Filete de ternera
           (con patatas fritas o ensalada).

Postres: Flan de la casa. Tarta casera de queso.
          Fruta del tiempo.
Bebida: Vino tinto de la casa.
          Agua mineral (con gas/sin gas).

8.b
1. Diez euros.
2. Sí.
3. Ella toma una ensalada de la casa y un filete con
   patatas fritas y él toma sopa de ajo y lasaña.

9
Camarero: 4; 6; 8.
Cliente: 1; 2; 3; 5; 7.

10.a
Carne: ternera; cordero; pollo.
Pescado: salmón; merluza; sardina.
Legumbres: garbanzos.
Fruta: plátano; fresa; sandía.
Verdura y hortalizas: lechuga; cebolla; tomate; pimiento.

11.a
1. Una responsable del Ministerio de Sanidad
   y Consumo.
2. Una mujer que dirige una casa rural.

11.b
1. No hay que suprimir comidas, hay que distribuirlas
   y comer tres o cuatro veces al día. Y hay que dar más
   importancia al desayuno.
2. Hay que tomar productos naturales y comer de todo,
   aunque de forma moderada.

12.a
Llama a la consulta del médico.

12.b
1. Le duele mucho el estómago.
2. Mañana a las siete.
3. Dentro de media hora, porque un paciente no puede ir a
   la consulta.

13.a
le pasa; Me duelen; me encuentro; Tiene fiebre;
Le duelen; Le duele; estoy cansado; Está nervioso;
se encuentra.

15.b
The spelling of the letter _r_
– When it is weak, between vowels, we write _r_ .
– When it is strong, between vowels, we write _rr_.
– When it is weak, at the end of the syllable or after
  consonants _b_, _c_, _d_, _g_, _k_, _p_ and _t_ and forming a syllable,
  we write _r_.
– When it is strong, at the beginning of the word, we write _r_.
– When it is strong, after consonants _n_, _s_ and _l_, we write _r_.

16
1. cuchara
2. servilleta
3. azúcar
4. cerrar
5. zanahoria
6. restaurante
7. barato
8. refresco
9. merluza
10. postre
11. ración
12. parrilla

Self-assessment

1
1-b; 2-e; 3-a; 4-c; 5-d.

2
1. No quedan hoy.
2. Propone quedar hoy para cenar.

3
1-c; 2-a; 3-a; 4-a.

Unidad 6

1.a
Un florero y una copa.

2
TAMAÑO: es grande; es enorme; es mediano/a;
es pequeño/a.

FORMA: es alargado/a; es ovalado/a; es redondo/a;
es rectangular; es cuadrado/a.
MATERIAL: es de algodón; es de cristal; es de plástico; es
de seda; es de madera.

4.a
1. Esta es la lista de Ángela y Luis.
2. Esta es la lista de Laia.

4.b
mía; vuestra; nuestra; mía; suyo; mío; mío; mío; nuestros;
tuyos; míos; suyos; tuyos; míos; vuestras; mías.

5
Dibujo 1: Mira estos abrigos de aquí.
Dibujo 2: ¿Vemos esos de ahí?
Dibujo 4: ¿Vamos a ver aquellos?

6
1. Qué; qué   3. Qué; cuál   5. Cuáles
2. Qué   4. qué   6. Qué

7
1-f; 2-e; 3-c; 4-d; 5-a; 6-g; 7-h; 8-b.

8.a
2. El apartamento está en la zona de la universidad.
   Tiene salón, una habitación, baño y cocina americana.
   Tiene calefacción y aire acondicionado.
   Cuesta 100 000 euros.

3. El piso está en la calle Miguel Servet. Tiene tres
   habitaciones, salón, cocina, aseo y dos baños.
   Tiene calefacción central y plaza de garaje opcional.
   Cuesta 600 euros al mes.

8.b
La fotografía corresponde al anuncio 2.

10
T: 1; 2; 4; 5.   F: 3; 6.

11.a
Un teléfono móvil.

11.b
Para bloquear el teclado: Aprietas la tecla azul. Aprietas la
tecla asterisco.

Para escuchar los mensajes: Marcas el 133. Pulsas la tecla
de llamada. Escuchas las opciones que hay en el menú
principal. Pulsas el número de la opción que quieras.

12.c **The spelling of letters *g* and *j***

– The letter *j* always represents the sound /x/; for example,
  hi**j**a, ob**j**eto, va**j**illa, **j**oven and **j**uego.
– The letter *g* represents the sound /g/ when followed by
  the vowels *a, o, u*, like in **ga**fas, **go**rro and len**gu**a.
– The letter *g* represents the sound /x/ when followed by
  the vowels *e, i*, like in con**ge**lador and pá**gi**na.
– The letter *g* represents the sound /g/ when the vowel *u*
  (which is silent) is before the vowels *e, i*, like in ju**gue**te
  and **gui**sante.
– In some words, such as ci**güe**ña or pin**güi**no, the vowel
  u found in the syllables *güe, güi* is pronounced and is
  indicated by a punctuation mark: the diaeresis/diéresis.

12.d
Con sonido /g/: yogur; portugués; galleta; guinda.
Con sonido /x/: agenda; hijos; naranja; tarjeta.

Self-assessment

1
T: 1.   F: 2; 3.

2
1-b; 2-a; 3-b; 4-c; 5-b; 6-c.

Unidad 7

1
1. está; está; está/hay
2. hay; hay; está
3. está; hay; está; Está

3.a
El texto trata sobre los cambios que ha experimentado el
barrio del Raval.

3.b
Hay un colegio, un museo de arte contemporáneo, un
convento, un espacio con bares y zonas donde tomar algo
al aire libre, un mercado con dos bares muy conocidos y
muchas tiendas de discos.

4.a
Persona 1. Vive en el casco antiguo:
Es un barrio muy animado.
Está en el centro de la ciudad. Está bien comunicado.
Tiene muchos servicios: tiendas, restaurantes, cines,
colegios… Hay varias líneas de metro y autobús por la
zona. Hay muchos bares y mucho ruido. No hay muchos
parques ni zonas verdes.

Persona 2. Vive en el Barrio Blanco:
Es muy tranquilo.
Está un poco lejos del centro.
Hay una biblioteca, dos parques y un centro de salud.
Casi no hay transporte público. No hay muchos colegios
ni tiendas suficientes. No hay mucho ruido, porque casi no
hay bares.

5
1. Hace calor.   4. Hay tormenta.
2. Está nublado.   5. Llueve.
3. Hace mal tiempo./Llueve.   6. Hace sol.

6

7

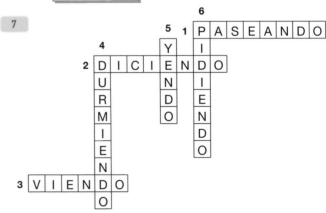

8
En el dibujo de la derecha:
La mujer está montando en bicicleta.
La chica está paseando y escuchando música.
El chico está hablando por teléfono.
Los hombres están hablando con un policía.

9.a
En La Paz están estudiando.

En Bilbao están trabajando.
En Pekín están cenando.
En Melbourne están durmiendo.

10.a   1. Tú   2. Usted   3. Tú

10.b

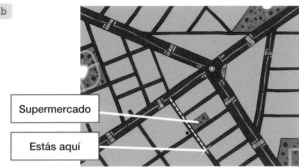

Supermercado

Estás aquí

11   Perdone; siga; coja; crúcela; gire.

12   Mil novecientos noventa y seis, dos mil cinco, tres millones ciento cincuenta y cinco mil trescientos cincuenta y nueve, un millón quinientos mil, doscientas, mil cuatrocientas.

13.a   Monosílabas: sur, sol.
Bisílabas: calor, abril, este, tiempo.
Trisílabas: octubre, tormenta.
Polisílabas: atmosférico, primavera.

14.a   **Types of syllables in Spanish**

In Spanish, all syllables have a vowel. Syllables can end with a vowel or a consonant.
The most frequent combinations are the following:
– consonant + vowel (for example, *ca*sa, *ca*lor, otoño).
– consonant + vowel + consonant (for example, *can*tar, *des*pejado, tor*men*ta).
– consonant + consonant + vowel (for example, re*gla*, fe*bre*ro, *pri*mavera).
– vowel + consonant (for example, *al*to, *oc*tubre, *es*te).

14.b   1. hos-pi-tal   5. su-per-mer-ca-do
2. par-que   6. ban-co
3. se-má-fo-ro   7. ve-ra-no
4. pa-ra-da   8. ci-ne

Self-assessment

1   Es; está; está; hay; Hay; es; a; está; Es; más; que; Está; tanta; como; hace; hace; tanto; como; Llueve; está.

2   1-b; 2-b; 3-b; 4-c; 5-a; 6-a.

Unidad 8

1.a   levantarse   dormir la siesta
desayunar   cenar
escuchar música   acostarse
maquillarse   cocinar
hacer la compra

2.a   desayunar en casa   acostarse pronto
levantarse tarde   hacer deporte
ver una exposición   ver la televisión
comer con la familia   desayunar en un bar
nadar   montar en bicicleta
escuchar música

2.b   Carlos: 1; 3; 5; 6; 7; 10.
Rosa: 1; 2; 4; 8; 9; 10.

3   1. En un museo; en una galería de arte.
2. En una plaza de toros; en un teatro.
3. En un polideportivo; en un estadio.
4. En un centro comercial; en un gran almacén.
5. En el campo.

4   1. es   3. está   5. está
2. es   4. es   6. está

5.a   Texto 1: fotografía n.º 2. Texto 2: fotografía n.º 3.
Texto 3: fotografía n.º 5. Texto 4: fotografía n.º 1.
Texto 5: fotografía n.º 4.

6   1. Me; me; te   3. le   5. os
2. les; Os   4. me; le   6. te

7   1-b; 2-a; 3-d; 4-c; 5-e.

8   1. ¿Dónde quedamos?
2. ¿A qué hora/Cuándo quedamos?
3. ¿Qué día/Cuándo quedamos?
4. ¿Cómo quedamos?

10.a   1. ◆ Buenos días. ¿El señor Calvo, por favor?
   ◆ En este momento no se puede poner. ¿Quiere dejarle un mensaje?
   ◆ Sí, por favor, dígale que ha llamado Ángeles Ruiz, de Comersa.
   ◆ Muy bien, yo se lo digo.
   ◆ Gracias.

2. ◆ Restaurante Zarauz, ¿dígame?
   ◆ Buenos días. Quería reservar una mesa para dos personas.
   ◆ ¿Para cuándo?
   ◆ Para el sábado a las nueve y media.
   ◆ ¿A qué nombre?
   ◆ Inmaculada Pelayo.
   ◆ De acuerdo. Queda reservada.
   ◆ Muchas gracias.

3. ◆ Consulta del doctor Leal. ¿Dígame?
   ◆ Buenas tardes. Quería pedir hora con el doctor.
   ◆ ¿El día tres de abril a las cuatro de la tarde le viene bien?
   ◆ Sí, perfecto. El día tres a las cuatro de la tarde.
   ◆ ¿Me dice su nombre, por favor?
   ◆ Sí, Eugenia Carrión.
   ◆ Muchas gracias.
   ◆ A usted, buenas tardes.

4. ◆ ¿Dígame?
   ◆ ¿Está Isabel?
   ◆ No, se ha equivocado.
   ◆ ¡Ah! Perdone.
   ◆ Nada, nada.

5. ◆ ¿Sí?
   ◆ Hola. ¿Está Begoña, por favor?
   ◆ No, Begoña no está, ha salido.
   ◆ ¿Puede decirle que la ha llamado Alberto?
   ◆ Sí, sí, yo se lo digo.

6. ◆ ¿Diga?
   ◆ Por favor, ¿está Cristina?
   ◆ ¿De parte de quién?
   ◆ De Luis.
   ◆ Un momento, ahora se pone.
   ◆ Gracias.

11   1-c; 2-d; 3-a; 4-b.

13.a
1. lunes
2. escritor
3. planta
4. mapa
5. tranquilo
6. cocina
7. sábado
8. libro
9. botella
10. amigo

14.a **Diphthongs, triphthongs and hiatuses**

– A **diphthong/diptongo** is the combination of two vowels forming one single syllable. There are fourteen possible combinations: *ia, ie, io, iu, ua, ue, ui, uo, ai, ei, oi, au, eu, ou*. For example, *cau-sa, buen, rui-do, via-je, ciu-dad, trein-ta*.

– When there are three vowels forming one single syllable we have a **triphthong/triptongo**. For example, *cam-biáis*.

– A **hiatus/hiato** is the separate pronunciation of two adjacent vowels, forming two separate syllables. For example, *pa-e-lla, a-hí, cre-er, mu-se-o, dí-a, rí-o*.

14.b
1. puer-ta
2. po-e-ta
3. ca-er
4. in-vier-no
5. a-ho-ra
6. cien
7. te-a-tro
8. eu-ro
9. Sui-za
10. re-al
11. ai-re
12. rei-na
13. vein-te
14. es-tu-diáis
15. a-gua

Self-assessment

1 1-b; 2-a; 3-a; 4-b.

Unidad 9

1.a Positivos: inteligente; sociable; independiente; generoso; responsable; puntual; trabajador; optimista; ordenado.

Negativos: triste; desordenado; impaciente; nervioso; pesimista; tímido; vago; egoísta; antipático.

2.a
1. Mi novio es muy optimista. Es una persona muy divertida y bastante sociable. No es nada tímido.
2. Mi jefe se llama Enrique y es un hombre muy trabajador, muy inteligente, bastante responsable, comunicativo y muy ordenado, pero un poco impaciente.
3. Miguel, mi hijo, es muy creativo, bastante independiente, pero también es algo tímido y un poco nervioso. Y es muy generoso.

3.a Pepe, Merche, Concha, Azucena y Luis.
Sarah, Camilla, Alfredo, Julián y Agustín.

3.b 1-f; 2-a; 3-b; 4-f; 5-d; 6-c; 7-c/e; 8-b.

4.a 1. tiene 2. sé 3. saber 4. tiene; sabe 5. tiene 6. sabes

5.a
1. Sí, claro.
2. Bueno, no pasa nada.
3. Sí, por supuesto.
4. Sí, claro. Aquí tiene.
5. No importa. Muchas gracias. Después de la clase te lo devuelvo.
6. ¿Te ayudo?

6 Las ventanas están abiertas. Por favor, ciérralas.

Los platos y los vasos sucios están encima de la mesa de la cocina. Por favor, lávalos.

El ordenador está encendido. Por favor, apágalo.

El suelo está muy sucio. Por favor, friégalo.

La estantería del salón está muy desordenada. Por favor, ordénala.

La basura está en la cocina. Por favor, sácala.

Las plantas están secas. Por favor, riégalas.

La lavadora está llena de ropa. Ya tiene el jabón. Por favor ponla en marcha.

7
1. Utilízalo
2. Hazlo
3. bájalo
4. Cógelas
5. Llévatelos
6. Apágala

8

	1	2	3	4	5	6	7	8
(yo)					X			
(tú)	X							
(él, ella, usted)				X				
(nosotros/as)		X						
(vosotros/as)			X				X	
(ellos/as, ustedes)						X		X

9.a 1-a; 2-b; 3-b; 4-a; 5-a; 6-a; 7-a; 8-a.

9.b

PRETÉRITO PERFECTO			
-ar	**-er**	**-ir**	con partici irregular
han jugado ha encontrado ha comprado ha despertado han invitado	ha perdido he tenido he leído	han dormido ha venido ha salido ha reído	ha ido ha visto ha escrito han hech han puest

11.a Chus Lago → Ha subido el Everest sin ayuda de oxígeno.

Gabriel García Márquez → Ha ganado el premio Nobel de Literatura.

Alejandro Sanz → Ha vendido más de veinte millones de discos en todo el mundo.

Fernando Alonso → Ha sido campeón mundial de Fórmula 1.

Margarita Salas → Ha publicado más de doscientos trabajos científicos.

Rigoberta Menchú → Ha ganado el premio Nobel de la Paz.

11.b Joaquín Cortés.

12 1. te lo 2. Me lo 3. se las 4. se lo

13.a Enunciativa: n.º 3. Interrogativa: n.º 2.
Exclamativa: n.º 1.

13.b 1-b; 2-b; 3-c; 4-a; 5-a; 6-c.

13.c
1. ¿Sabe cocinar?
2. No tienes sentido del humor.
3. ¡Han suspendido el examen!
4. Es un chico muy tímido.
5. ¡Es muy simpático!
6. ¿Nunca has probado la comida japonesa?
7. ¿Todavía no habéis llamado a Julia?
8. Son muy desordenados.

Self-assessment

1 1-a; 2-b; 3-b; 4-c.

2 1-i; 2-c; 3-a; 4-g; 5-d; 6-e; 7-f; 8-j; 9-b; 10-h.

Unidad 10

1.a
Pablo Neruda ganó el Premio Nobel de Literatura en 1971.

Marie Curie descubrió el radio, el único tratamiento para el cáncer durante mucho tiempo.

Walt Disney creó el personaje de Mickey Mouse en 1928.

Emiliano Zapata participó en la Revolución Mexicana de 1911.

Mary Quant diseñó las primeras minifaldas en los años 60.

Pablo Picasso pintó el *Guernica* en 1937.

Neil Armstrong fue el primer hombre en pisar la Luna: el 20 de julio de 1969.

Salvador Allende murió en 1973, durante el golpe militar de Augusto Pinochet en Chile.

Pedro Almodóvar ganó un Oscar en 2000 por *Todo sobre mi madre* y otro en 2003 por *Hable con ella*.

Agatha Christie escribió muchas novelas policiacas y de intriga.

2
1. Asalto al Congreso de los Diputados durante el intento de golpe de Estado del teniente coronel Tejero, el 23 de febrero de 1981 en España.
2. Soldados portugueses durante la llamada Revolución de los claveles, en 1974.
3. Proclamación de Juan Carlos I como rey de España, en 1975, tras el fin de la dictadura del general Franco y la vuelta de la democracia.
4. Ruinas de Guernica, bombardeada durante la Guerra Civil española.

3.a T: 3; 5.
F: 1; 2; 4; 6.

4
1. Terminé de redactar el informe poco antes de la reunión.
2. ¿Cuándo empezaste a trabajar en esta empresa?
3. Mi hija empezó a ir a la piscina a los diez meses.
4. Yo empecé a jugar al tenis a los quince años y seguí jugando hasta los veinticinco.
5. Creo que Vicente volvió a trabajar como profesor cuando terminó de redactar su tesis doctoral.
6. Mis abuelos compraron esta casa cuando se casaron y siguieron viviendo en ella toda su vida.
7. Mi tía tuvo un accidente de coche muy grave y después nunca volvió a conducir.
8. Luis y Brigitte se divorciaron. Los dos volvieron a casarse con otras personas, pero siguieron siendo muy buenos amigos.

5
1. ha acabado de; empezar a
2. empezamos a
3. seguimos
4. Empecé a; sigo
5. volvió a
6. has acabado de; seguir

6
1. a. Pasado; b. Presente
2. a. Pasado; b. Presente
3. a. Presente; b. Pasado
4. a. Pasado; b. Presente
5. a. Presente; b. Pasado
6. a. Presente; b. Pasado

7

	HACER	VENIR	QUERER	ESTAR	PODER	PONER	IR/SER
(yo)	hice	vine	quise	estuve	pude	puse	fui
(tú)	hiciste	viniste	quisiste	estuviste	pudiste	pusiste	fuiste
(él, ella, usted)	hizo	vino	quiso	estuvo	pudo	puso	fue
(nosotros/as)	hicimos	vinimos	quisimos	estuvimos	pudimos	pusimos	fuimos
(vosotros/as)	hicisteis	vinisteis	quisisteis	estuvisteis	pudisteis	pusisteis	fuisteis
(ellos/as, ustedes)	hicieron	vinieron	quisieron	estuvieron	pudieron	pusieron	fueron

8.a 1. ☹ 2. ☺ 3. ☺ 4. ☹

8.b
1. ¿Y qué tal?; fue un viaje horrible
2. ¿Y qué tal?; inolvidable
3. ¿Y qué tal?; Fue una comida estupenda
4. ¿Y qué tal?; regular; no me gustó mucho

10
¿Cuándo fue la primera vez que jugaste con una pelota?

¿Cuál es el gol que más te emocionó marcar?

¿Desde cuándo eres capitán de la selección? ¿Te asusta la responsabilidad del cargo?

¿Qué partido recuerdas especialmente?

¿Cuánto tiempo estuviste sin jugar el año pasado?

¿En qué año debutaste con el primer equipo del Fútbol Club?

¿Cuánto tiempo estuviste jugando en Inglaterra?

11.b
1. Llego todos los días al trabajo sobre las ocho./Mi marido llegó ayer a casa a las nueve de la noche.
2. Hablo un poco de portugués./El otro día Miguel habló con su jefe.
3. Ana, mira, te presento a Cati, mi hermana./El sábado, Cristina nos presentó a su novio.
4. Normalmente ceno muy poco: una ensalada y fruta./ Ayer mi hija cenó mucho y luego no durmió bien.
5. A mi madre, siempre le llevo unas flores./Marisa fue a ver a su tía y le llevó unas flores.
6. Ahora, trabajo por la mañana y estudio por la tarde./ Hugo estudió dos años en Londres.

11.c **Pronunciation of the preterite tense**

In regular verbs ending in *-ar*, the **third** person singular of the preterite tense is the same as the **first** person singular of the present tense, although the stress changes. The stressed syllable in the present tense is the **second last** syllable, but in the preterite the stressed syllable is the **last** syllable and it has a written accent.

12 **Punctuation marks**

We use the **colon/dos puntos:**

– before a list. Example no: 1.

– at the beginning of a letter and other documents, after the salutation. Example no: 5.

We use the **ellipsis/puntos suspensivos:**

– at the end of an open list (equivalent to *etcétera*). Example no: 2.

– to indicate a pause expressing doubt, surprise, fear, etc. Examples no 3 and 4.

Self-assessment

1
1. nació
2. Emigró
3. trabajó
4. Cambió
5. a
6. Participó
7. Viajó
8. trasladó
9. siguió
10. acompañaron

2 1-c; 2-c; 3-a; 4-c.

Unidad 11

1
1. Alguien; alguna
2. algo; nada
3. nadie
4. algún; algunos

2
1. No me apetece mucho ir a esa fiesta porque no conozco a nadie.
2. No he estado nunca en Toledo. ¿Es bonita?/Nunca he estado en Toledo. ¿Es bonita?
3. Mi hija está en esa edad difícil en la que piensa que nadie la comprende.
4. No entiendo nada: he hecho un trabajo estupendo y mi jefe me ha pedido que lo repita.
5. No veo. ¿Puedes dar la luz, por favor?/No veo nada. ¿Puedes dar la luz, por favor?
6. Nunca voy al teatro, pero este fin de semana voy a ver una obra que me han recomendado.

4 Estudiaba; compartía; Íbamos; estudiábamos; Hacíamos; limpiábamos; nos divertíamos; visitaban; encantaba.

5.a Era verano. Estaba contento. Iba a la playa. Había parejas enamoradas paseando por la orilla. Los niños jugaban en la arena. La gente tomaba el sol. Hacía muy buen tiempo. Era un día precioso.

6.a gustaba; tenía; viví; Me crié; era; se desarrollaba; pensaba; veía; oía; estaban; trabajaban; pasaban; representaban; me alejé; eran; escuchaba; cosían; oía; lavaban; tendían; era.

6.b
1. Positiva, porque tenían una gran capacidad de lucha y eran muy activas.
2. Negativa, porque nunca estaban en casa y representaban la autoridad.
3. La infancia, la muerte y el mundo femenino.

6.c Mi infancia. Los primeros años de mi vida.

7.a Orden de los dibujos: 2, 3, 1.

7.b En la primera época vestía siempre de negro, tocaba la guitarra, cantaba en inglés y llevaba el pelo largo.
En la segunda, llevaba ropa de colores, el pelo corto, cantaba en español y hacía música con letras divertidas.
Actualmente viste de negro.

9.a Verdaderas: 1; 2; 5.

9.b
1. Laura no está contenta con su relación, así que piensa que se va a separar de su marido.
2. Felipe no está tanto en casa como antes porque trabaja mucho y piensa demasiado en el trabajo.
3. Los niños han crecido, por eso necesitan más atención que antes.

11.b
1. Él hizo la reserva y yo recogí las entradas.
2. ¿Qué quieres que te regale para tu cumpleaños?
3. Tu casa es mucho mayor que la mía.
4. No sé dónde he puesto las llaves. ¿Las has visto tú?
5. Si vas a ir en coche, dímelo, que me voy contigo.
6. Sí, Juan tiene razón. Estoy completamente de acuerdo con él.

Self-assessment

1 Se equivocó; se equivocaba; fue; Creyó; era; Se equivocaba; se durmió.

2 era; eran; viajábamos; teníamos; nos divertíamos; teníamos.

3 1-a; 2-b; 3-c; 4-a.

Unidad 12

1.a requiere; Conocimientos; Disponibilidad; ofrece; indefinido; Formación; Sueldo; Interesados.

1.b 1-h; 2-e; 3-b; 4-g; 5-a; 6-c; 7-f; 8-d.

2.a oferta; currículum vítae; licenciada; negocios; he realizado; administración; ustedes; estudios; experiencia; entrevista.

2.b 1-a; 2-a; 3-a.

2.c
1. trabajé
2. viajé
3. tuve
4. eran
5. Has hecho
6. Tienes

3.a Crear la dirección de correo electrónico. Ser puntual. Visitar a los principales clientes. Conocer todos los departamentos de la empresa. Estar tranquila.

4.a
1. amablemente
2. cuidadosamente
3. correctamente
4. lentamente
5. rápidamente
6. atentamente
7. tranquilamente
8. frecuentemente

7 Lo tengo aquí; las está haciendo en este momento; Voy a imprimirla enseguida; dásela; lo tenemos todo preparado; se lo he dicho esta mañana; va a traérnoslo; tranquilízate.

8
1. Escríbesela.
2. Dámelo.
3. Cuéntaselo.
4. Voy a ponérmela.
5. Apágala.
6. No las he visto.
7. Voy a enseñársela.
8. Recógelos.

9.b
1. Ana
2. mamá
3. mano
4. lona
5. reno
6. caña
7. nulo
8. mido
9. rama
10. peña

9.c
1. ambiente
2. invitar
3. inseguro
4. antiguo
5. impresión
6. imperfecto
7. imposible
8. incierto
9. intenso
10. limpiar
11. sombra
12. ambulancia

10.a
1. in-no-va-ción
2. i-rre-pe-ti-ble
3. ac-ción
4. ins-truc-ción
5. a-rri-ba
6. lla-ve
7. lle-no
8. hie-rro

Self-assessment

1 T: 2; 4; 5; 6; 7.
F: 1; 3; 8.